북의 역사

KEIZAI WO YOMITOKU TAME NO SHUKYOSHI

© Takuei Uyama 2015
First published in Japan in 2015 by KADOKAWA CORPORATION, Tokyo.
Korean translation rights arranged with KADOKAWA CORPORATION, Tokyo
through JAPAN UNI AGENCY, INC., Tokyo

$$$

세계 경제를 결정하는 5대 머니게임

부의 역사

History ★ of ᴛʜᴇ Rich

우야마 다쿠에이 지음 | 신은주 옮김

더퀘스트

옮긴이 **신은주**

한국외국어대학교 일본어과를 졸업한 뒤 저작권 에이전시 임프리마에서 일본어권 에이전트로 일을 했다. 현재 전문번역가로 활동하고 있으며 번역가 모임인 바른 번역 회원이자 왓북 운영자다. 옮긴 책으로는 《30분 경제학》 《30분 회계학》 《30분 경영학》 《이토록 수학이 재미있어지는 순간》 《첫아이 면역력 육아법》 《읽는 수학》 등이 있다.

부의 역사

초판 발행 · 2021년 1월 20일

지은이 · 우야마 다쿠에이
옮긴이 · 신은주
발행인 · 이종원
발행처 · (주)도서출판 길벗
브랜드 · 더퀘스트
출판사 등록일 · 1990년 12월 24일
주소 · 서울시 마포구 월드컵로10길 56(서교동)
대표전화 · 02)332-0931 | **팩스** · 02)323-0586
홈페이지 · www.gilbut.co.kr | **이메일** · gilbut@gilbut.co.kr
대량구매 및 납품 문의 · 02)330-9708

기획 및 책임편집 · 허윤정(rosebud@gilbut.co.kr) | **제작** · 이준호, 손일순, 이진혁
마케팅 · 한준희(영업), 김선영(웹마케팅) **영업관리** · 김명자 | **독자지원** · 송혜란, 윤정아

디자인 · 유어텍스트 | **CTP 출력 및 인쇄** · 상지사피앤비 | **제본** · 상지사피앤비

ISBN 979-11-6521-420-3
(길벗 도서번호 040084)

정가 18,500원

독자의 1초까지 아껴주는 정성 길벗출판사

(주)도서출판 길빗 | IT실용, IT/일반 수험서, 경제경영, 인문교양(더퀘스트), 취미실용, 자녀교육 www.gilbut.co.kr
길벗이지톡 | 어학단행본, 어학수험서 www.gilbut.co.kr
길벗스쿨 | 국어학습, 수학학습, 어린이교양, 주니어 어학학습, 교과서 www.gilbutschool.co.kr

페이스북 | www.facebook.com/thequestzigy **네이버 포스트** | post.naver.com/thequestbook

이 책의 국립중앙도서관 출판예정도서목록(CIP)은 서지정보유통지원시스템 홈페이지(http://seoji.nl.go.kr)와 국가자료공동목록시스템(http://www.nl.go.kr/kolisnet)에서 이용할 수 있습니다. (CIP제어번호 : 2020053585)

종교사 관점으로 경제를 보다

경제를 다룬 책은 많지만 종교 관점에서 경제를 해설한 책은 거의 없습니다. 또 반대로 경제 관점에서 종교를 해설한 책도 거의 없습니다.

경제와 종교는 관계가 없다고 생각하기 쉽지만 실제로는 강하게 연결되어 있고 서로 영향을 주고받습니다.

종교는 정신적인 것이고 경제는 물질적이라는 생각 때문에 우리 대부분은 경제와 종교가 양립할 수 없고 서로 다른 양 끝에 서 있다고 믿습니다. 경제 활동에 매진하는 많은 비즈니스맨도 경제와 종교가 무관하다고 생각할 것입니다.

그러나 실제로 종교와 경제는 하나이고 서로 다양한 영향을 주고

받으면서 우리 사회를 형성합니다.

경제와 종교가 하나라는 것을 알고 우리가 살아가는 사회의 모습과 그 본질을 꿰뚫어보는 것은 중요합니다. 이 책의 가장 큰 목적이 거기에 있습니다. 종교 없이는 경제를 말할 수 없고 경제 없이는 종교를 말할 수 없습니다.

15년 동안 세계사를 가르치고 있는데 학생들이 늘 힘들어하는 것이 바로 종교 문제입니다. 사실 그 시대의 종교를 이해하면 그 시대의 사회도 확실하게 이해할 수 있습니다.

반대로 그 시대의 종교를 모르면 그 시대의 정치와 경제는 물론 사회도 잘 이해할 수 없습니다. 멀고 먼 과거의 이야기일 뿐 현재와 연관된 연결고리를 전혀 찾을 수 없지요.

종교를 신봉하는 사람들이 있는 한 우리는 종교를 피해서 살아갈 수 없습니다. 전 세계적으로 교류가 활발한 현재는 더더욱 다양한 종교와 관련이 있을 수밖에 없지요. 특히 비즈니스 경제 분야와 종교와의 관련성이 점점 더 깊어지고 있습니다.

한 종교의 사고방식을 이해하는 것은 해당 국가의 국민성을 이해하는 것으로 연결됩니다.

국민성이란 토지나 국가에 따라 결정되는 사람들의 기질을 의미하는데 국민성을 결정하는 요인 가운데 하나가 바로 종교입니다.

종교는 근원적 의식이고, 다른 문화를 접할 때 우리 앞에 나타나는 최초의 벽입니다. 다른 문화와의 거리를 좁히기 위해서는 종교를 이해해야 합니다.

종교는 다른 문화의 국민성, 사회성, 문화성을 포괄적으로 이해하는 출발점이 될 수 있습니다.

종교를 이해하는 것은 결코 어렵지 않습니다.

이 책은 추상적인 종교를 경제라는 구체적인 실체에 비춰 역사를 알기 쉽게 해설합니다. 이 책을 읽고 역사 속 경제와 종교 사이의 중요한 관계를 알게 됐으면 좋겠습니다.

신이 만든 부의 역사

경제 활동의 목적은 부를 쌓는 것입니다. 부는 한정되어 있기 때문에 인간은 부를 둘러싸고 다툽니다.

각각 100만큼의 부를 가진 두 사람이 있다고 가정해볼까요? 한 사람이 죽을 때까지 싸운다면 승자는 패자의 부를 빼앗아 200만큼의 부를 갖습니다. 만일 두 사람이 싸움을 멈추고 부족한 것을 서로 나누어 갖는다면 어떨까요? 이 경우 각각의 부가 100에서 120까지 늘어납니다. 두 사람의 부를 합하면 240이 되어 새로운 부가 40만큼 생겨납니다.

이런 협력이야말로 경제 활동의 시작입니다. 먹을 것이 부족할 때 식량을 빼앗는 것이 아니라 빌리고 그 대신 옷이나 건축 자재 등 다른 자원을 양보합니다. 그렇게 서로 이득이 되는 쪽으로 협력하는 것, 그것이 바로 경제입니다.

서로 주고받으려면 무엇보다도 서로를 신뢰할 수 있어야 합니다. 구두로만 약속을 맺으면 의심이 생기기 마련입니다. 법도 없고 법을 감독하는 곳도 없었던 고대에는 계약이나 서약을 어디에서 보증받았을까요?

인간은 그 역할을 종교에서 찾았습니다.

인간에게는 일반적으로 양심이 있습니다. 양심은 논리와 도덕을 이끌어냅니다. 인간은 폭력이 악이라는 것을 깨닫고 선악의 가치 판단을 다른 사람들과 공유합니다. 이기적인 행동을 멈추는 것이 다른 사람과 전체에게 이익이 된다는 것을 깨닫습니다. 따라서 조화로운 자세로 공존을 도모합니다.

그러나 논리와 도덕으로 선악을 판단할 때 모든 인간이 명명백백하다고 받아들이는 것은 아닙니다. 따라서 인간의 의식 속에 이를 반복해서 새기기 위한 제도나 의식이 필요합니다. 이런 필요에 응할 수 있는 것은 종교밖에 없었습니다.

신이 경제 기반을 만든다

•

종교는 초월적인 감독권을 이끌어내고 악이라는 가치 판단을 죄라는 강박 관념으로 바꿔 사람들의 심리에 고착시킵니다. 그 관념이 세대를 초월해서 자명한 이치가 될 때까지 종교 제도에는 초월자와 신이라는 의식적 존재가 필요합니다.

결국 죄에 대한 각성은 종교적 게시와 깨달음이 되어 인간 의식과 하나가 됩니다.

신이라는 절대자에게 맹세하고 종교 규범을 준수함으로써 사람들은 공통의 신뢰를 만들어갑니다. 절대자를 경외하는 사람들은 신앙을 배반하지 않습니다. 따라서 신앙을 기반으로 합의를 이끌어내면 분쟁이나 폭력을 멈출 수 있습니다.

신앙이라는 동기는 무엇보다도 강한 보증이고 인간 양심은 신에 의해서 보증을 받습니다. 그렇게 사회 안에서 광범위한 협조와 신용이 형성되고 조화로운 경제 활동이 촉진됩니다.

"사람을 보면 도둑이라고 생각해라." 이렇게 말하는 사회에서는 경제 활동을 할 수 없습니다. "이웃을 사랑하고 존경해라." 이런 종교 규범이 우선하는 사회에서는 경제 활동이 성립할 수 있습니다.

요즘은 과학 수사가 발전해서 경찰이 다양한 증거를 검증해 살인자나 강도를 구속할 수 있습니다. 범죄자가 고도로 발전한 조사망으로부터 도망치기 어려운 것이지요.

그러나 전근대시대에는 그런 수사 기술이 빈약했고 범인 검거율이 현재와 비교되지 않을 정도로 낮았습니다.

그 시대에 범죄를 막는 것은 수사가 아니라 종교였습니다. 수사력에 한계가 있었던 전근대사회에서 범죄를 막으려면 사람들의 양심에 호소하는 것 이외의 방법이 없었습니다. 따라서 종교라는 시스템을 공동체 운영에 편입시켜야 했습니다.

죄를 범하면 신이 벌을 주는 것은 세계 모든 종교에 공통적으로 존재합니다. 그러나 종교는 벌칙을 규정해놓는 것만으로 사람들의 마음을 잡을 수가 없습니다.

따라서 종교는 신의 뜻에 따라 선행을 한 사람에게는 사후 세계의 안락과 신의 은총이 있다고 가르칩니다. 죄와 은혜를 교묘하게 섞어서 사람들이 신을 경외하도록 합니다.

자연 상태의 한정된 부

인간은 누구라도 본질적으로 살인자가 될 수 있습니다. 한밤중에 도둑의 발소리가 들리면 찌를 수 있는 칼이나 야구 방망이를 들고 발소리가 나는 쪽으로 다가갈 것입니다. 도둑이 이를 알고 칼을 들고 덮쳐 오면 어떻게 할까요? 아무것도 하지 않고 칼에 찔릴 때까지 기다릴까요?

어떤 사람이든 본능적으로 저항할 것입니다. 자신이 찔리기 전에 도둑을 죽이든지 공격하든지 할 것입니다.

인간은 다른 사람보다도 자기 자신을 지키는 것을 우선으로 합니다. 이것은 본능이고 피하기 어려운 충동입니다. 인간은 타자를 희생해서 자신의 생존을 도모하려는 본능이 의식 속에 들어 있습니다. 그 한계 때문에 잠재적 살인자라고 하는 것입니다.

17세기에 활약한 영국 사상가 토머스 홉스Thomas Hobbes는 인간의 본능을 '자연 상태'라고 부릅니다. 그리고 다음과 같은 특징을 이야기합니다.

"고독하고 비참하고 괴롭고 잔인하다."

홉스가 정의한 인간의 자연 상태를 누가 부정할 수 있을까요? 홉스는 자연 상태에 있는 인간은 필연적으로 "만인에 대한 만인의 투쟁"에 빠져 서로 죽이고 서로 빼앗고 서로 속인다고 말합니다.

자연 상태에 있는 인간은 한정된 부를 둘러싸고 싸웁니다. 인간은 계속해서 서로를 죽이고 서로에게 해를 끼칩니다. 그러다 보면 결국 서로에게 아무런 도움도 되지 않는다는 것을 알게 됩니다. 따라서 인간은 인간에 대해 서로의 자연 상태를 멈추고 다툼을 그만두도록 요청합니다. 그러나 인간의 힘으로는 다툼을 멈출 수 없기 때문에 인간보다 고차원인 조정자가 필요합니다. 신이라는 절대자를 찾을 수밖에 없습니다.

토머스 홉스   **Must Person**

저서 《리바이어던 Leviathan》에서 종교에 대해 냉정하게 말했다. "사람들에게 인정받으면 종교라고 이름 붙이고 부인당하면 미신이라고 이름 붙인다."

종교와 경제의 나선형 구조

•

뛰어난 심리학자 스티븐 핑커 Steven Pinker 는 《우리 본성의 선한 천사 The Better Angels of Our Nature》를 출간하고 숱한 화제를 불러일으켰습니다. 핑커에 따르면 크리스트교(다른 말로 기독교라고 하며 예수 그리스도를 믿는 가톨릭교, 개신교, 정교회를 모두 아우른다. 그러나 우리나라에서는 개신교를 기독교로, 가톨릭을 천주교로 부르기 때문에 기독교가 개신교를 이르는 말로 오해되기도 한다. 이 책에서는 그 혼란을 피하기 위해서 예수 그리스도를 믿는 종교를 기독교라고 표기하지 않고 크리스트교라고 표기한다 -옮긴이)와 불교가 없었던 선사시대에 사인의 대부분은 폭력이었습니다. 강도와 강간 살인, 약탈과 전투에 따른 살인, 사람들의 볼거리로 행해지던 처형, 강제 노동에 따른 과로사 등이 대표적입니다. 인간이 인간을 죽음으로 내모는 것이 사인의 대부분이었다는 핑커의 설명은 충격적입니다.

이것이야말로 홉스가 이야기한 인간의 자연 상태입니다. 핑커는 선사시대 이후 종교가 살인을 죄라고 가르쳤기 때문에 살인에 따른 죽음이 큰 폭으로 줄었다고 주장합니다. 인간은 자신의 욕망을 충

스티븐 핑커　　　　　　　　　　　　　　　　**Must Person**

캐나다계 미국인 심리학자. 인간에게 생득적으로 종교와 신이라는 것을 반드시 지향하는 심리작용이 있다고 주장하고 그 작용을 뇌과학 및 생리학 관점에서 밝혔다.

족시키기 위해서 빼앗고 속이고 죽이는 악행을 개인적으로도, 집단
적으로도 합니다.

그런 욕망을 억제하기 위해서는 강제적인 장치가 꼭 필요합니다.
그 장치가 바로 종교입니다. 크리스트교의 박애 정신, 이슬람교와
불교의 계율, 힌두교의 일상생활 규범, 유교의 제사와 조상 숭배 등
이 강제력이 있는 장치에 해당합니다. 이렇게 종교는 서로 조화를
이루고 공존할 수 있는 방법을 가르칩니다.

살인이 줄어들면 안심하고 무기를 버리고 일을 하고 물건을 만들
어내고 잉여생산물을 나눠가질 수 있습니다. 사회 전체적으로 이익
을 추구할 수 있게 되는 것이죠. 싸우는 것이 아니라 나누면서 경제
라는 사회 기반을 형성하기 시작합니다. 종교적 조화는 경제적 조
화로 발전하고 경제적 조화는 다른 종교적 조화를 촉진합니다. 종
교와 경제의 나선형 구조가 생겨나고 사회 전체가 발전합니다.

합리적인 목적에 따라서 요구되는 것을 종교라고 생각해볼까요?
그렇다면 종교가 정신적인 것에만 머무르는 것이 아니라 광범위한
사회적 기능을 하는 제도와 시스템으로서 존재한다는 것을 알 수 있
습니다.

피케티 공식

·

전 세계적으로 경제 격차가 확대되고 소득과 부가 불평등하게 분배되어지는 가운데 많은 사람들이 빈부 격차 문제를 심각하게 보고 있습니다. 토마 피케티 Thomas Piketty 는 저서《21세기 자본 Capital in the Twenty - First Century》에서 경제 격차의 원인을 '자본 수익률$_r$ > 경제 성장률$_g$'이라는 공식으로 설명합니다. 경제 성장으로 얻을 수 있는 수익보다 경영자가 자본으로 얻을 수 있는 수익이 더 커지면서 자본을 장악한 경영자와 임금 노동자의 부의 격차가 계속해서 벌어지는 것입니다.

근대 자본주의 시대에 한정된 이야기는 아닙니다. 고대부터 성공하는 사람은 부를 얻고 그것을 자본으로 삼아 더욱 부를 늘렸고 경제 격차는 커져갔습니다.

경제가 성장하고 발전하는 시대에서 경제 격차는 필연적으로 커집니다. 가난한 사람들의 불만은 늘어나고 격차가 일정 수준 이상으로 커지면 빈곤층이 소비 활동을 하지 않아 경제가 돌아가지 않게 됩니다.

토마 피케티   **Must Person**

1971년 출생. 프랑스 경제학자. 《21세기 자본》에서 18세기 이후 20개 국가의 광대한 역사 데이터를 가지고 자본주의가 가져온 경제 격차 문제를 논했다. 2015년 프랑스 최고 권위 훈장인 레지옹 도뇌르 상을 거부하면서 "정부는 프랑스와 유럽의 경제 성장을 회복하는 데 집중하는 게 낫다"라고 지적했다.

이때 종교가 경제 균형과 유동성을 회복하는 역할을 담당합니다. 종교는 신 앞에 평등을 내걸고 가난한 사람들을 결속시킵니다. 가난한 사람들이 기득권층을 향해서 쿠데타를 일으킬 정당성을 보증해줍니다.

크리스트교에서 "가난한 자에게 복이 있나니"라고 가르치는 것이 바로 그것입니다. 이슬람교는 빈곤층을 모아서 메카의 족벌 상인을 무력으로 내쫓았습니다. 종교는 무력 행사, 계급 부정, 징수세와 공제, 기부와 희사 등의 수단을 써서 빈부 격차를 해소합니다.

피케티는 지금의 전 세계적인 소득 격차를 바로잡기 위해서는 국가와 법이라는 틀 속에서 글로벌 과세와 누진세를 추진해야 한다고 주장합니다. 국가와 법이 없던 시대에는 종교가 빈곤층을 구제할 대의명분을 내걸고 신의 이름 아래에서 기득권이 이익을 얻는 계층 사회의 보수성과 정체를 타파하고 새로운 경제 발전의 국면을 만들었습니다.

부의 이해관계를 조정하는 장치

•

그렇다면 종교의 본질은 무엇일까요?

한마디로 말하면 이해관계 조정 기능입니다.

종교는 세속을 넘어선 것이 결코 아닙니다. 세속에서 살아가는 욕심 많은 인간의 이해를 조정하기 위해서 신처럼 세속을 초월한 존재를 이용했지만 종교 자체가 세속을 초월한 것은 아닙니다.

"너의 이웃을 사랑하라"는 예수 그리스도의 말은 서로 용서하고 도우면 복리 후생을 누릴 수 있다는 것을 이야기합니다. 그 과정에서 자비와 인간애를 말하지만 어떤 종교든 최종 목적은 후생 경제입니다. 공리적인 이해관계를 조정하는 것이 목적입니다.

생산이나 장사 같은 경제 활동은 혼자서 할 수 없습니다. 여러 사람으로 구성된 집단이 필요합니다. 처음에는 집단이 혈연 중심의 부족이나 씨족 단위로 구성됩니다. 더 많은 풍요를 찾아서 경제 활동 규모를 크게 만들려고 할 때 광범위한 집단을 구성하기 위한 공통 이념으로서 종교가 필요합니다.

국가라는 근대 개념이 없던 시대에 종교가 초창기 집단의 구성 이념이 되었다는 것은 말할 필요도 없습니다.

종교는 경제 활동을 촉진하기 위해 생겨났고 경제 활동 속으로 들어가면서 이념적인 발전을 이루게 됩니다. 그런 의미에서 종교는 경제의 일환이고 본질적으로 세속 생활 그 자체인 것입니다.

따라서 모든 종교는 경제 문맥에서 볼 때 그 본질을 명확하게 알 수 있습니다. 종교를 논리 규범이나 신학 이념으로 붙잡고 있는 한 그 본질은 보이지 않습니다. 요약하면 종교는 부의 분배에 관한 처세술 같은 것입니다. 이런 식으로 말하면 "무슨 불경한 말을!"이라고 질타를 받을지도 모릅니다.

신이 만든 부의 역사

그러나 종교를 신성불가침 영역으로 보는 기존의 자세가 종교를 먼 것으로 만들었습니다. 그 때문에 사람들이 종교를 제대로 이해하지 못하고 있습니다.

부를 위해서 싸운다

•

종교가 늘 이해관계를 순조롭게 조정했던 것은 아닙니다. 그 기능을 제대로 할 수 없을 때 종교는 도리어 이해 대립을 조장했습니다.

같은 종교 내 집단끼리 한정된 부를 둘러싸고 다툼이 생겨납니다. 집단은 분열하고 파벌이 발생하고 부를 쟁탈하기 시작합니다. 이때 각각의 파벌은 스스로를 정당화하기 위해서 종교를 이용합니다. 어떤 파벌은 다른 파벌에 대해서 "잘못된 신앙을 갖고 있다" "교리를 왜곡해서 해석한다"는 식으로 다양한 트집을 잡습니다. 그러고는 상대 파벌을 정벌하려고 합니다.

이렇게 해서 같은 종교 안에서 종파라는 것이 생겨납니다. 크리스트교는 구교 가톨릭과 신교 프로테스탄트로 나뉘었고 이슬람교는 수니파, 시아파 등의 종파로 갈라졌습니다. 이들 종파는 역사 속에서 격심한 종교전쟁을 계속해왔습니다.

크리스트교와 이슬람교가 붙었던 십자군 전쟁처럼 다른 종교 사이의 전쟁도 빈번했습니다. 이런 종교전쟁도 그 본질을 보면 신앙을 둘러싼 다툼에서 시작한 것이 아닙니다. 경제적 이해관계의 대립에서 시작했습니다. 신앙이라는 이유는 나중에 붙인 것에 지나지 않습니다.

부의 분배를 둘러싼 이권 다툼은 다양한 형태의 종교전쟁으로 나타났습니다.

추악한 다툼을 추악한 채로 놔두면 진영은 구심력을 확보할 수 없습니다. 다툼을 미화할 필요가 있었기 때문에 종교를 사용해 신의 이름을 붙인 성전 聖典 을 이야기하고 널리 알렸습니다.

신앙을 지키는 이상은 국지적이고 개인적으로 또는 일시적으로 역사에 존재할 수도 있지만 큰 문맥에서 볼 때 사회 집단은 예외 없이 자기 집단의 경제 이해를 최우선으로 봤습니다.

교리와 신앙을 지키기 위한 종교전쟁은 본질적으로 역사에 존재하지 않습니다.

우리는 현실적인 시점을 종교에도 적용해야 하고 어떤 종교든 간에 세속의 모든 사회 현상의 일부에 지나지 않는다는 것을 전제로 생각해야 합니다.

종교 집단　　　　　　　　　　　　　　　　　　**Must Word**

종교에 따라서 집단이 어떻게 형성되는지에 관한 연구는 종교의 기능과 역할을 근원적으로 설명할 수 있기에 의미가 크다. 이를 사회학 입장에서 해명하려고 한 사람이 바로 프랑스 사회학자 뒤르켐 Emile Durkheim 이다. 뒤르켐은 《종교생활의 원초적 형태 Les Formes Elementaires De La Vie Religieuse 》를 썼다. 한편 심리학 입장에서 해명하려고 한 사람은 스위스 심리학자 융 Carl Jung 이다. 융은 《심리학과 종교 Psychology and Religion 》를 남겼다.

Part 1

고대 :
5대 머니게임의 서막

1

✦

유대교,
신과 인간의 수상한 계약

문명이 발생하는 장소에 종교도 있습니다. 제대로 정돈된 사회 집단은 종교라는 규범의식을 필요로 합니다. 그런 사회 집단을 우리는 문명이라고 하지요.

원시 종교는 자연숭배에서 시작합니다. 인간은 자연의 혜택을 받아 식량을 얻고 남은 식량으로 재산을 축적하고 문화를 만들어냅니다. 자연의 도움으로 생존한다는 소박한 섭리를 의식하고 종교를 만든 것입니다. 고대인들은 태양, 물, 하늘과 땅에 신이 깃들어 있다고 믿었고 자연을 숭배 대상으로 삼아서 종교를 만들었습니다. 자연숭배가 종교 발전 단계 중 제일 첫 단계입니다.

종교를 바탕으로 연대하면 사회가 고도로 발전하지요. 사회 규모를 키우다보면 규범과 공공 규칙, 그리고 그것들을 폭넓게 운용할 수 있는 새로운 시스템이 필요해집니다. 역시 종교가 이 역할을 담당하는데 기존의 자연숭배를 기반으로 한 다신교 틀 안에서는 이런 규칙을 명문화하기가 어렵습니다.

다양한 자연신은 그리스 신화 속 신들처럼 인격을 갖습니다. 자연신의 이야기는 옛날이야기처럼 계속 전해져 내려오는데 민간에 내려오는 이야기와 인위적인 공상을 축적한 것이 바로 자연신의 세계입니다. 자연신은 인간에게 현실과 딱 맞는 명령을 직접적으로 내리진 않습니다. 자연신은 인간 세계와는 분리된 상상의 세계였습니다.

사회가 발전하면서 고대인들은 자연숭배의 다신교에서 탈피합니다. 세계를 하나로 제시해줄 수 있는 신과 현실에서 인간을 이끌

종교 발전 단계

1단계 | 자연숭배의 다신교
· 사회 연대 방식: 민간 전승, 신화 세계, 자연 경외
· 이집트·나일 문명
· 태양신 라 **Ra**를 꼭대기에 둔 신앙
· 그리스·에게 문명
· 번개신 제우스를 꼭대기에 둔 그리스 신화
· 메소포타미아 문명
· 하늘신 안 **An**를 꼭대기에 둔 신앙

2단계 | 율법이 된 제도 종교
사회 연대 방식: 초월적 존재가 인간에게 명령하고 그 명령을 지키도록 함.
유대교, 크리스트교, 조로아스터교, 이슬람교, 불교, 유교 등.

어줄 수 있는 시스템이 필요해지기 때문입니다. 바로 이때부터 제도 종교가 등장합니다. 제도 종교는 유대교, 크리스트교, 이슬람교 같은 종교를 말하는데 이때부터 종교는 1단계에서 2단계로 발전합니다.

2단계에서는 초월자가 인간 생활을 비롯한 모든 것을 다스린다고 믿고 성전 안에 인간이 준수해야 할 계율과 규범이 되는 율법을 담습니다. 2단계로 들어가면 사회 전체가 종교 아래 체계화되어 연대가 강화됩니다.

신은 이름이 없다

•

유대교, 크리스트교, 이슬람교는 그 세계를 창조한 전지전능한 유일신에 귀의하는 일신교입니다. 사실 이 세 종교의 신은 똑같은 신이에요. 유대교의 세계관에서 파생해서 크리스트교와 이슬람교가 태어났기 때문입니다.

유대교의 신은 야훼 또는 여호와로 '과거에도 있었고 지금도 있는 자'라는 의미를 가진 히브리어의 앞 글자를 나열한 것입니다.

이슬람에서 말하는 알라는 신의 이름이 아니라 아랍어 보통명사로 신을 의미하는 단어입니다.

크리스트교에서 예수 그리스도는 신과 일체화된 존재입니다. 그리스도는 구세주라는 의미이지요.

유대교는 《구약성서》, 크리스트교는 《신약성서》, 이슬람교는 《코란》이 성전입니다. 각 종교의 성전이 다른 것처럼 교리와 신앙의 내용도 다릅니다.

유대인은 히브리인이라고도 불렸는데 원래 시나이반도에 살고 있었습니다. 그런데 이집트인의 박해를 받아 예언자 모세가 무리를 이끌고 팔레스타인으로 이주했습니다. 이 땅에서 유대인은 기원전 1000년경 다윗 왕과 솔로몬 왕 시대에 독립된 국가를 이룹니다.

이때 히브리의 민간 신앙을 모아서 유대교의 원형을 만들었습니다. 기원전 500년경 예루살렘에 야훼의 신전을 건설하고 《구약성서》를 본격적으로 편찬하면서 유대교는 조직화됩니다.

또 500년이 지난 기원전 4년경 유대교 사회에서 예수가 태어나 유대교의 개혁 운동을 일으켰고 여기서 크리스트교가 태어납니다.

그리고 600년 뒤 아라비아반도에서 무함마드가 유대교와 크리스트교 천사인 가브리엘에게서 계시를 받고 이슬람교를 엽니다.

유대인, 금융 비즈니스를 시작하다

·

크리스트교가 《신약성서》에서 청빈을 주창하는 것과 대조적으로 유대교에서는 부와 재화를 쌓는 것이 가치 있는 일로 칭찬받습니다. 유대인 격언에 "돈은 무자비한 주인이지만 유익한 종이 되기도 한다"라는 말이 있듯이 유대인은 돈의 가치를 인정합니다.

유대교에서는 사유 재산을 적극 보호합니다. 그래서 타인의 재물을 훔치거나 빼앗는 사람에게는 극형을 포함한 엄격한 형벌을 주고 벌금이나 배상을 꼼꼼하게 규정합니다.

유대교가 재산권과 소유권 불가침을 율법으로 정한 것에는 그들 나름대로 합리적 이유가 있습니다. 유대인은 이런 율법을 지킴으로써 유대인 이외의 민족에게 신용을 얻었습니다. 그렇기 때문에 신전에 금고를 설치해 각지 부유층들의 금은보화를 맡을 수 있었고 맡기는 쪽도 안심할 수 있었습니다.

유대인은 재산을 맡길 때에 보관료를 걷었습니다. 그리고 재산 소유자에게 양해를 얻은 뒤 제3자에게 금과 은을 빌려주고 이자를 받았습니다. 따라서 유대교에서는 금리를 받고 돈을 빌려주는 고리대를 인정합니다.

유대인은 맡긴 재산을 담보로 채권을 발행하고 거액의 투자금을 모으고 그것을 건설업 등의 개발 사업으로 돌려서 큰 이익을 얻었습니다.

이런 식으로 역사적으로 세계를 석권하는 유대인의 금융 비즈니스가 시작되었습니다.

고대의 결제 시스템

·

유대교는 경제적 부와 재화를 둘러싼 문제가 사람들 사이의 분쟁을 야기한다는 것을 꿰뚫어보고 그것을 조정하는 시스템을 율법 속에 포함시켰습니다. 신이 감독해서 인간의 소유권을 확정하고 관리했지요. 쓸데없는 소유권 분쟁이 생기지 않도록 규칙을 법제화했습니다. 소유권의 불가침은 앞에서 이야기한 것처럼 금융업 같은 신용 경제를 낳았습니다.

유대교는 모든 면에서 경제 사회의 조화를 우선할 수 있도록 제도를 설계했습니다. 법치국가가 없었던 시대에 유대교는 율법과 율령으로 시장에서의 신용과 여신을 가능하게 했습니다. 신이라는 절대 이념을 신용의 원천으로 삼았기에 고대에도 고도로 발전된 결제 시스템이 가능할 수 있었지요.

정신적인 종교가 물질적인 경제를 만들어냈다니, 쉽게 이해하기는 어려운 개념입니다. 그러나 종교라는 신성한 것을 정치와 경제 등의 세속적인 것에서 분리한다는 생각은 근대 이후에 생긴 사고방식입니다. 전근대시대에 성聖과 속俗은 분리된 것이 아니었습니다. 근대 이후를 사는 우리들이 생각하는 것 이상으로 서로 끈끈하게 연결되어 있었고 융화되었습니다.

따라서 당시의 상황은 종교와 경제를 하나로 보아야만 본질을 볼 수 있습니다.

지금 우리 일상의 경제 활동과 시장에는 규칙이 있습니다. 국가는 사기, 횡령, 착취, 방해, 독점 등 공정한 경제 활동을 저해하는 사람을 법률에 따라서 관리합니다.

그 공정함의 기준은 근대 국가가 성립하면서 갑자기 나타난 것이 아닙니다. 어느 날 느닷없이 사람들에게 지키라고 강요한 것이 아닙니다.

고대 종교가 율법을 통해 경제 활동 규칙을 지키도록 요구했고 오랜 세월을 거쳐서 드디어 사회 속에서 경제 질서의 공정함이 받아들여지고 공유된 것입니다.

조로아스터교 **Must Word**

조로아스터가 창시한 이란의 고대 종교. 빛의 신이면서 선한 신인 아후라 마즈다를 숭배한다. 19세기 후반 유럽에서 조로아스터교에 관심을 높아졌고 철학자 니체 **Friedrich Nietzsche**는 조로아스터에게 말하는 형태로 《차라투스트라는 이렇게 말했다 **Also sprach Zarathustra**》를 저술했다. 차라투스트라는 조로아스터를 독일어식으로 읽은 것이다.

2

크리스트교,
가난한 자들의 혁명

부와 재화의 소유를 긍정적으로 바라보는 유대교에서는 부를 가진 사람과 갖지 않은 사람 사이의 격차가 점점 커지게 됩니다. 이에 더해 엄격한 율법주의가 사회를 경직시키고 신분 이동을 금지시키고 인재의 유동성을 정체시켰습니다.

또 유대교는 유대인이 신에게 선택을 받은 민족이라는 선민사상과 유대인 우위주의를 바탕으로 배타적인 비밀 사회를 구성했습니다. 금융 비즈니스를 운영할 때는 비밀주의와 율법주의가 뛰어난 기능을 발휘했지만 사회 전체의 발전이라는 점에서는 침체의 원인이 될 수밖에 없었지요.

기원전 30년 로마가 지중해 세계를 통일했습니다. 로마제국의 지배를 받던 속국들은 정치적으로도 경제적으로도 큰 변화를 겪었습니다.

그런 상황에서 유대교, 특히 빈곤층 안에서 개혁이나 변화를 바라는 목소리가 커졌습니다. 그 시류를 타고 등장한 것이 바로 예수 그리스도입니다.

예수 그리스도는 빈곤층을 구제할 혁명가였습니다. 《신약성서》의 누가복음에는 아래와 같은 내용이 있습니다.

> 돈을 좋아하는 바리새파 사람들이 이 모든 말씀을 듣고서 예수를 비웃었다. 그래서 예수께서 그들에게 말씀하셨다.
>
> "너희는 사람들 앞에서 스스로 의롭다고 하는 자들이다. 사람들이 높이 평가하는 것은 하나님이 보시기에 혐오스러운 것이다."
>
> - 누가복음 16장 14절~15절

바리새인은 유대교 보수파로 율법을 중시하는 부유층이었습니다. 예수는 부를 부정하고 "가난한 자에게 행복이 있다"라고 말했고 성매매 여성, 절도범에게도 구원의 손을 내밀었습니다. 유대교 보수파는 이런 예수에게 반발했습니다.

그러나 빈곤층은 예수를 강하게 지지했습니다. 부유하다면 성매매나 절도를 할 필요가 없었으니까요. 바리새인들은 충분한 돈을 갖고 있으니까 율법을 잘 지킬 수 있었고 율법을 지키지 않는 사람을 비판할 수 있었습니다. 당연히 빈곤층의 분노는 부유층을 향했습니다.

예수 그리스도가 돌풍을 불러일으킨 것은 극심해지는 빈부 격차로 인해 혁명 때문이라고 말할 수 있습니다.

부자를 향한 분노

•

예수는 부유층을 향해서 가차 없는 비판을 쏟아 부었습니다.

> 그러나 부자가 되기를 원하는 사람은 유혹과 올무와 여러 가지 어리석고도 해로운 욕심에 떨어진다.   - 디모데후서 6장 9절

> 내가 진정으로 너희에게 말한다. 부자는 하늘나라에 들어가기가 어렵다. 부자가 하나님 나라에 들어가는 것보다 낙타가 바늘귀로 지나가는 것이 더 쉽다.   - 마태복음 19장 23~24절

인간은 주위 사람들이 모두 가난하면 큰 고통을 느끼지 못하지만 주위 사람들이 부를 누리기 시작하면 가난한 자신과 비교하고 슬픔을 느낍니다.

슬픔은 분노와 증오로 바뀌고 분노의 화살은 직접적으로 부자를

향하게 됩니다.

사람들은 슬픔을 옹호해줄 이데올로기에 감동하고 눈물을 흘리지요. 이데올로기 숭배는 가난한 사람이 거절할 수 없는 충동이자 황폐해진 영혼을 충족시키는 방법입니다. 가난하고 학대받는 사람들은 사후에 신에 의해서 구제된다고 약속받습니다. 거기에 인간은 본능적으로 의지합니다.

예수 그리스도는 약자가 필연적으로 가진 심리와 그 충동을 알고 절묘하게 마음을 사로잡았고 곧 큰 세력으로 발전했습니다. 약자를 구제하는 구조는 이슬람교와 불교에서도 마찬가지입니다. 종교에서는 어느 정도 공통적인 것이지요.

약자가 강자에게 분노, 원한, 증오의 감정을 갖는 것을 르상티망 ressentiment 이라고 합니다. 철학자 니체는 저서 《도덕의 계보 Zur Genealogie der Moral 》에서 크리스트교가 르상티망에 의해서 발상한 종교라고 밝힙니다.

부유층을 중심으로 하는 유대교 보수파에게 예수를 따르는 개혁파들의 선교는 자신들의 존립 기반을 위협하는 위험한 것이었습니다. 예수는 보수파의 음모에 휘말려 십자가형으로 처형되고 맙니다.

프리드리히 니체   Must Person

19세기 후반 독일의 철학자. 크리스트교를 유럽 문명을 퇴보시킨 원흉으로 보고 그것을 단죄하는 근대 사상을 전개하였다. 니체는 크리스트교를 노예를 위한 도덕이라고 비판했다.

빈곤층을 끌어안은
콘스탄티누스

·

예수가 처형된 뒤 크리스트교는 베드로와 바울 등 제자들의 선교로 유럽 전역으로 퍼져갔습니다. 《신약성서》도 편찬되기 시작했지요. 예수의 제자인 마태, 마가, 누가, 요한 네 명의 사도가 쓴 《신약성서》는 예수 전기인 사복음서, 사도행전, 바울의 편지, 묵시록으로 구성되어 그리스어(헬라어)로 써졌습니다.

그리스도는 히브리어인 메시아를 그리스어로 바꾼 말입니다. 크리스트교는 유대인을 뿌리로 그리스, 로마 사람들에게 전해졌고 유럽을 중심으로 기반을 넓혀갔습니다.

당시 유럽을 비롯해서 광대한 지중해 세계를 지배한 나라는 로마였습니다. 로마제국은 크리스트교가 빈곤층에게 혁명 사상을 전파할 위험한 것으로 보고 탄압했습니다. 로마제국은 소수의 지배층과 대다수의 노예로 형성되어 있었기 때문에 크리스트교가 노예들에게 반란의 구실을 주지 않을까 두려워했습니다.

3세기 말 로마제국이 쇠퇴하면서 크리스트교 세력은 점점 늘어났습니다. 이때 로마 황제 콘스탄티누스는 크리스트교를 봉쇄하는 대신 자국민의 결속에 이용하기로 합니다.

당시 로마제국은 지역의 유력자들이 땅을 나눠 갖고 있었고 패권을 차지하고자 경쟁하고 있었습니다. 콘스탄티누스도 원래 그런 유력자 중 한 사람이었습니다. 패권을 제압하기 위해서는 대규모의 병력이 필요했지요. 콘스탄티누스는 빈곤층을 중심으로 늘어나는 크리스트교도를 군대 속으로 편입시키기 위해서 크리스트교도에게 신앙의 자유를 보장할 것을 약속했습니다. 그리고 자신도 크리스트교도로 개종했습니다.

312년 콘스탄티누스는 천하를 차지하기 위한 마지막 결전지로 행군하던 중 태양 위에서 그리스어 문자인 크리스토스$_{Xptotos}$의 처음 두 글자, 키$_X$와 로$_P$를 보았다고 합니다. 콘스탄티누스는 그때 '이 표시와 함께하면 너희는 이긴다'라는 계시를 받은 것으로 전해집니다.

이 무늬를 라바룸 또는 키$_X$와 로$_P$로 된 깃발이라고 불렀는데 나중에 로마 군대의 문장이 되었습니다.

승리한 콘스탄티누스는 313년 크리스트교를 공인합니다.

황제가 잡은
비즈니스 기회

·

내전에서 이기고 로마제국을 통일한 콘스탄티누스지만 광대한 제국을 혼자서 통치하기에는 한계가 있었습니다.

330년 콘스탄티누스는 동방의 비잔티움으로 천도를 단행하고 로마제국의 발상지이자 중심인 수도 로마를 버렸습니다. 비잔티움은 그 이후 콘스탄티노플(현 이스탄불)로 이름을 바꿨습니다. 콘스탄티누스는 서로마를 중심으로 하는 이탈리아 등 유럽 세계에 대한 지배권은 포기해도 좋다고 생각했지요.

한편 새로운 수도 콘스탄티노플에는 명백한 장점이 있었습니다. 지중해 동쪽 끝에 위치해서 근동 아시아와 만날 수 있었고 동방과의 교역 네트워크가 효율적으로 구축되어 있었습니다.

당시 오리엔트 지역에서는 사산왕조 페르시아(226년부터 651년까지 이란을 지배했던 왕조. 아르다시르 1세의 선조인 사산의 이름을 따서 사산왕조 페르시아라고 하였다. 조로아스터교를 국교로 삼았고 유럽 아시아 국가들과 활발하게 교역하였다 - 옮긴이)가 융성했고 동서교역이 활발하게 이뤄지고 있었습니다. 사산왕조 페르시아는 문화적으로도 아시아를 넘어 유럽 세계에까지 영향을 끼쳤습니다.

콘스탄티누스는 이 비즈니스 기회를 놓치지 않고 동방으로 수도를 이전한다는 놀랄 만한 방법을 실행했습니다. 교역이 가져온 이익은 막대했고 제국의 재정난이 일시에 해소되었습니다. 콘스탄티누스의 동방 천도는 크게 성공했지만 한편으로 로마를 중심으로 한 서쪽의 경제는 수도 기능을 잃어버리고 피폐해집니다.

그 후 테오도시우스 황제는 395년 숨을 거둘 때 두 아들 아르카디우스와 호노리우스에게 로마제국을 동서로 분할해서 통치하도록 유언을 남겼습니다. 아르카디우스가 이끄는 동로마와 호노리우스가 이끄는 서로마는 그 후 각각 다른 길을 걸었습니다.

사실상 황제였던 동로마 황제는 서로마 황제와 서로마에 대해서 일절 책임지지 않았습니다. 분리됐던 서로마는 방위 예산도 확보하지 못한 상태에서 게르만족의 침략으로 476년 멸망했습니다.

이에 비해서 콘스탄티노플을 수도로 하는 동로마제국은 비잔틴제국이라고 불리면서 1453년 오스만제국에 의해서 멸망될 때까지 약 1000년 동안 번영을 누렸습니다.

가이우스 콘스탄티누스　　　　　　　　　　　　**Must Person**

4세기 전반에 활약했던 로마 황제. 로마제국의 분열과 혼란을 수습하고 제국을 통일했다. 밀라노 칙령을 발표해서 신앙의 자유를 인정했고 니케아 공의회를 열어 크리스트교 교리를 삼위일체로 통일했다. 솔리두스 금화를 발행해서 시장을 통일했다.

3

유교,
시대를 초월한 경영 마인드

일본의 기업 문화는 유교를 떠나서 생각할 수 없습니다. 기업 문화가 많이 변했다고는 하지만 연공서열, 종신 고용, 애사심 같은 조직 운영 시스템은 유교의 영향을 받았습니다.

　유럽이나 미국에서는 기업은 주주의 것이라는 생각이 강하고 자본을 갹출한 주주가 이사를 선임하고 기업 경영을 감독합니다. 기업이 경영자와 사원의 것이라는 개념 자체가 서구 사회에는 없습니다. 일본에서는 기업들이 서로 상대 기업의 주식을 보유하고 있지만(주식 보합이라고 하는 일본의 독특한 문화-옮긴이) 경영에는 개입하지 않는 것에 암묵적으로 동의합니다. 일반 주주는 아무 말도 하지 않고 조용히 있는 것에 익숙하며 총회에서 형식적인 이사회의 인사 책임을 추인하는 것에 머무릅니다.

서구 기업은 합리적인 계약 관계를 우선으로 하고 주종 관계로 직원을 붙잡지 않습니다. 회사 안에서의 인간관계는 건조하고 전직은 빈번하고 노동자들은 자유와 유동성을 보장받습니다.

한편 일본에서는 지방 중소기업 대부분이 전통적인 가족 경영을 하고 씨족 문화에 근거한 기업 활동과 고용 관계를 유지하면서 커뮤니티를 형성하고 있습니다. 기업 문화뿐 아니라 모든 분야의 윤리관 및 도덕관과 그에 따른 행동양식이 유교의 영향을 받았습니다.

일본인도 중국인처럼 옛날부터 농촌 사회를 배경으로 한 농경민족이었고 유교가 마을 사회에 적합한 규율과 규범의식을 이야기했기 때문에 이를 민족의 사상으로 받아들였습니다.

나이가 많은 사람이나 윗사람을 따르고, 조상을 존경하고, 약속은 꼭 지켜야 한다는 유교 규범은 유동성을 싫어하는 봉건 사회의 규범이 되었습니다. 연공서열의 계층의식은 사회 구석구석에 영향을 끼쳤고 지금도 부가 그에 따라 분배되고 있습니다.

유교는 종교인가

·

중국에서 고대부터 오랫동안 만들어온 공동체 규칙은 유교에 명문화되었습니다. 유교는 일상생활에 필요한 질서와 예의를 만들었고 유교 이외에 다른 제사는 필요하지 않았습니다. 신이라는 보편적 개념으로 신이 하나의 뜻을 갖고 모든 현실을 지배하는 하는 유럽이나 이슬람의 세계관과는 다릅니다.

중국인은 현실 사회에서 규범의식을 세우려고 했습니다.

중국인에게 인간은 신과 마주하는 개인이 아니고 선조가 물려준 공동체 안에서 살아가며 공존하는 집합체입니다. 유럽 특유의 개인주의와 자아 사상은 거의 없습니다. 개인주의적 발상은 농경을 일상으로 하는 공존 사회에서 기피되었고 연공서열, 군신의 예, 선조의 제사, 자연 찬미가 숭상됐습니다.

그런데 질문을 하나 해볼까요? 유교는 종교일까요 아닐까요? 공자가 연 유교는 삶의 방법이나 정신을 설명하는 논리 또는 철학입니다. 공자는 예수 그리스도처럼 신의 가르침을 설명하지 않습니다.

엄밀하게 말하면 유교는 종교가 아니라고 할 수 있지만 실질적인 측면에서 유교는 종교가 맞습니다.

고대 중국인들은 초자연적인 하늘에 대해 신앙을 갖고 있었습니다. 하늘은 만물을 주관하며 인간은 하늘에서 지상으로 보내졌고 죽으면 하늘로 돌아간다는 세계관이 있었습니다. 조상은 하늘에 가장 가까운 존재 또는 하늘이라는 추상을 구현해내는 것으로서 신앙의 대상이 되었습니다.

따라서 조상의 혈맥으로 뻗어나간 씨족이 중시되었고 종법이라는 조상 제사의 규율과 규칙을 사회 전체의 질서로 삼았습니다. 유교는 이러한 종법을 핵심 사상으로 하고 있다는 점에서 종교라고 할 수 있습니다. 유교는 논리적으로 옳고 그름을 따질 뿐만 아니라 그 논리 규범을 부여한 하늘을 믿는지 아닌지 역시 묻습니다.

유교에서는 종종 "하늘이 보고 있다"라고 말하는데 이것은 논리와 신앙이 함께한다는 발상을 보여줍니다.

유교 사회에서는 나이가 어린 사람에게 편하게 말을 했다가도 그 사람이 손윗사람이라는 것을 알게 되면 버릇없었음을 사과하고 공손하게 말을 바꿉니다. 이것은 단순하게 예의만의 문제가 아니라 신앙의 문제이기도 합니다.

공자라는 경영인

•

기원전 8세기 중국이 춘추전국시대로 들어가면서 하극상이 이어지고 질서가 붕괴됩니다.

실력자는 제후가 되어 각 지역을 지배하고 스스로를 왕이라고 지칭합니다. 이들 가운데 제나라 환공, 진나라 문공 등이 유명합니다. 각 왕국은 유능한 인재를 널리 모집하고 공자, 맹자, 손자 등의 제자백가라고 불리는 경세經世에 뛰어난 인재들을 배출해냅니다. 그들은 각국의 군주들에게 대우를 받았고 국가의 경영 질서와 부국강병의 기초를 쌓았습니다.

공자는 춘추시대 말기, 기원전 552년에 현재의 산동성 산기현에 해당하는 노나라에서 태어났습니다. 나라의 인재로 등용되어 대신에 이르기까지 출세했지만 권력 투쟁에서 패하고 실각한 뒤 여러 나라를 유랑했습니다. 공자는 제후들에게 인仁과 예禮라는 도덕규범을 이야기하고 힘에 의한 패도 정치가 아닌 덕으로 나라를 다스리는 왕도王道를 주장했습니다. 왕도정치는 덕치주의라고도 불리는데 인간의 선의인 덕德을 신뢰하는 통치 이념입니다. 왕도정치는 자선적인 정치를 행하고 민심을 안정시키고 상호부조가 있는 조화로운 사회가 되는 것을 목표로 했습니다.

《논어論語》는 공자와 제자들의 대화를 모은 책입니다. 공자의 사상을 계승한 맹자 등의 유가 사상도 유교에 포함됩니다.

공자의 인과 예 사상을 극단적 휴머니즘으로 왜곡한 유학자들은 박애주의에 빠지기도 했습니다. 묵자는 기원전 5세기, 공자와 마찬가지로 노나라에서 태어나 가족애, 향토애, 애국 같은 차별적인 사랑을 부정하고 보편적인 애를 으뜸으로 하는 겸애설을 펼쳤습니다. 또 침략 전쟁을 부정하는 비공설非功說을 주장하고 전국시대의 군사

공자　　　　　　　　　　　　　　　　　　　　**Must Person**

1960년대 후반 마오쩌둥은 공산주의 이념을 내건 문화대혁명에서 유교의 모든 전통과 권위를 부정하고 공자묘도 파괴했다. 마오쩌둥 사후 공자는 사상가 및 교육자로서 재평가를 받았다.

우선 정책을 격렬하게 비판했습니다.

제후들은 유교를 잘 이용했습니다. 원래라면 의례를 중시하는 유교는 잡아먹든가 잡아먹히든가 하는 전란 시대에는 실용적이지도 않고 매력적이지도 않은 학파입니다. 어떤 제후는 유교는 전혀 도움이 안 된다면서 싫어했다고 합니다.

그러나 많은 제후들은 인과 예를 내걸고 실체와는 별개로 스스로 군자임을 내세웠습니다.

고도성장 시대의
경영 이념과 유교의 역할

·

유교의 덕치주의는 손윗사람을 거스르는 것을 허락하지 않습니다. 그래서 기득권익이나 격차가 부당하게 고정화되어 경쟁이 일어나지 않고 사회 발전이 소외되는 측면이 있습니다.

기원전 4세기 유교에 반발해서 법 지배에 따라서 사회 질서를 건설하려는 학파인 법가가 나타납니다. 법가의 창시자인 상앙은 제국의 국왕들에게 법치사상을 설명하려고 했으나 받아들여지지 못하고 서방의 변방국인 진나라의 효공에게 가까스로 등용됩니다.

진나라 이외의 여러 나라에서는 공자의 가르침인 덕치주의를 중요하게 생각했습니다. 유교는 인간의 심성을 선하다고 보았는데 법가는 인간의 심성이 악하다고 보았고 인간이 나쁜 짓을 한다는 전제 아래 죄악을 범한 인간을 벌하는 법률을 통치의 근간으로 삼았습니다. 또 공적功績이 있는 사람은 법에 비추어서 상을 주는 신상필벌信賞必罰이 철저했습니다.

법가사상을 실천한 진나라는 기원전 221년 전국을 통일했고 시황제가 즉위했습니다. 시황제는 강력한 중앙집권정책을 실시했고 법치주의를 더욱 철저하게 해서 분서갱유로 유교를 탄압했습니다. 전란의 세상에서 승리를 쟁취한 것은 유교가 아니라 법가였습니다.

지금의 글로벌 경쟁 속에서 "유교적인 경영 스타일로는 살아남을 수 없다"라며 일본이 법가적인 실력주의를 받아들여야 한다고 생각하는 사람이 있습니다. 마쓰시타 고노스케松下幸之助를 비롯하여 일본의 고도성장 시대에서 살아남은 경영자들은 유교적 이념이 강했고 그것을 조직 경영에 적용했습니다. 그러나 이제 그 경영 모델은 낡았고 글로벌 시대에 도움이 되지 않는다고들 말합니다.

유교와 법가 **Must Affairs**

	덕치주의 유교	법치주의 법가
주창자	공자	상앙
인간관	성선설	성악설
사회관	혈연 사회, 농경	유동 사회, 상업
인사	신분 고정	실력주의

그러나 언뜻 보면 합리적으로 보이는 법가 사상은 의외로 위약해서 조직이 쉽게 붕괴됩니다. 실력주의는 경쟁력을 높이고 능력 있는 사람은 그 안에서 살아남지만 사람들 사이의 격차가 벌어지면 조직에 대한 충성심은 약해집니다.

결국 서로 기세는 좋지만 지속성이 없다는 게 큰 결함입니다. 실제로 진나라 시황제는 법가 이념으로 국가를 경영해서 급진적 개혁을 단행했지만 대중이 따라오지 못했고 결국 시황제가 죽은 뒤 농민과 지방 호족의 난이 일어나 빨리 붕괴했습니다.

지속 가능한 사업에
맞는 이념

•

유교나 법가가 시대에 뒤떨어졌냐는 것보다 사상의 특징을 시의적절하게 잘 사용할 수 있을지가 중요합니다.

유교는 앞에서 서술한 것처럼 제사 의례라는 종교적 성격이 강하지만 예수와 알라처럼 절대신을 숭배하는 것은 아니기 때문에 다른 사상과 공존하고 접합하는 것이 가능합니다.

"지나치는 것은 미치지 않는 것과 같다." 《논어》 속 공자 말처럼 유교에서는 균형을 잡는 중용 정신을 중요하게 여깁니다. 유교는 어떤 것에도 고정되지 않고 유연하게 이질적인 것을 포섭하는 힘을 갖고 있습니다.

유교가 시대에 뒤쳐졌다는 것은 단편적인 이미지일 뿐입니다.

다양성과 다의성을 포섭하는 유교의 중용 정신은 글로벌 시대에 가장 적합한 새로운 지속가치라고 해도 과언이 아닙니다.

공자는 옛것을 익혀서 새것을 배운다는 온고지신을 이야기했습니다. 온고지신 정신으로 유교의 가치관을 다시 보고 조직을 재편성하는 것이 진정으로 글로벌 시대의 새로운 요청에 응하는 것인지도 모릅니다.

4

불교,
만인을 위한 부의 분배

최근 인도 경제는 눈부시게 성장하고 있습니다. 세계 유수의 기업이 12억 인구를 끌어안는 이 거대 시장을 목표로 진출하고 있습니다. 인도의 경제 수요를 보고 중국보다도 인도 쪽에 비즈니스 기회가 있다고 생각하는 기업이 적지 않습니다.

인도는 1991년 개혁 및 개방 노선을 본격화했습니다. 국민회의파 나라심하 라오 **Narasimha Rao** 정권에서 경제 장관으로 취임한 만모한 싱 **Manmohan Singh**이 수상 라오와 함께 인도 경제의 폐쇄성을 깨는 개혁을 단행했습니다.

그때까지 평균 100퍼센트 가까웠던 관세율을 25~30퍼센트까지 내리고 보호 무역을 배제했습니다. 수출 진흥을 위해서 인도 통화

루피를 달러 대비 20퍼센트 절하하고 외국 자본 참여 우대책을 펼쳤습니다.

또한 국영 기업을 민영화하는 등 구조 개혁을 추진하고 산업 라이센스 제도를 철폐하고 규제를 완화했습니다. 싱의 개혁에 따라 인도는 세계 경제의 주요한 일원으로서 성장하고 있습니다.

간디도 인정한
부의 편중

·

그렇지만 인도에는 자유로운 경제 활동과 경제 발전을 방해하는 장벽이 있습니다. 바로 카스트제도이지요. 카스트제도 아래에서 신분이 낮은 사람은 제대로 교육을 받을 수 없기 때문에 부유층과의 격차가 계속 벌어지고 부가 편중되어 소비가 균형 있게 이뤄지지 않습니다.

카스트는 포르투갈어로 '집안'을 의미합니다. 15세기 인도에 왔던 포르투갈 사람이 인도의 엄격한 신분제에 놀라서 그것을 유럽에

만모한 싱 **Must Person**

영국 옥스퍼드대학교에서 경제학 박사를 취득한 국제파 경제인. 1991~1996년까지 재무부 장관으로 일했고 2004~2014년까지 총리를 맡았다. 싱 정권은 경제 자유화를 추진하고 실질 경제 성장률 9퍼센트대를 달성했다.

보고하면서 널리 알려졌습니다. 카스트는 영어로 하면 '클래스 class' 입니다.

1950년 카스트에 기초한 차별은 금지되었지만 카스트제도 자체가 폐지된 것은 아니기 때문에 인도에는 아직도 계급 차별이 뿌리 깊게 남아 있습니다.

현재 인도 12억 명의 카스트별 구성 비율은 제1신분인 브라만(승려, 사제)이 약 5퍼센트, 제2신분인 크샤트리아(귀족)가 약 7퍼센트, 제3신분인 바이샤(상인)가 약 3퍼센트, 제4신분인 수드라(노예)가 약 60퍼센트입니다.

제4신분 수드라보다도 하위에 위치해서 카스트제도 밖으로 내쳐진 계층도 있습니다. 달리트 또는 아웃카스트라고 하는 계층으로 전체 인구의 약 25퍼센트가 이 계급에 속합니다. 그들은 불가촉민 untouchables 이라고도 불리고 더럽기 때문에 만져서는 안 된다는 차별을 받습니다.

인도의 부와 소비는 소득이 높은 카스트에만 집중되어 대다수 사람들은 제대로 된 경제 활동을 할 수 없고 경제 통계 수치에도 잡히지 않습니다. 또 인도에는 상속세가 없기 때문에 격차가 굳어져서 부가 빈곤층으로 재분배되지도 않습니다.

이 같은 봉건적 신분제가 현재에도 유지되는 것이 놀랍지요. 인도 독립의 아버지 간디조차도 카스트제도를 출신에 기초한 양식 있는 분업이라고 존중했습니다. 다만 불가촉천민에 대해서는 안타깝게 여겼습니다.

종교는 신분제를 이용한다

·

카스트제도를 이해하기 위해서 인도 역사를 거슬러 올라가보겠습니다. 원주민이었던 드라비다인이 인도의 인더스 문명을 형성했습니다.

거기에 외국인 아리아인이 침입했습니다. 아리아인은 인도·유럽계 백인종으로 중앙아시아를 거주지로 삼아 분포하다가 기원전 2000년경 서쪽과 남쪽으로 이동하기 시작했습니다. 서쪽으로 향한 아리아인은 페르시아인, 소아시인, 유럽인이 되었고, 남쪽으로 향한 아리아인은 인도 원주민인 드라비다인을 정복한 뒤 나중에 동화해서 인도인이 되었습니다.

아리아인은 원주민 드라비다인을 지배하기 위해 브라만교라는 새로운 종교를 내세워서 자신들을 신에 가장 가까운 신성한 인종이라고 했습니다. 그리고 신성한 아리아인의 우위를 나타내기 위해 바르나(색깔을 의미한다. 정복자 아리아인과 피지배인 드라비다인은 피부색으로 구별되었다. 나중에는 신분을 뜻하는 말로 변했고 이후 카스트제도가 되었다-옮긴이)라는 신분제를 사용했습니다. 아리아인이 상위 계급을 점하고 드라비다인은 하위 계급에 속해졌습니다. 이것이 바로 카스트제도의 시작입니다. 기원전 13세기로 지금부터 약 3200년 전입니다.

브라만교는 그 사상을 기원전 500년경에 《리그베다 Rigveda》라고 불리는 성전에 정리했습니다. 우리들이 불교 용어로 알고 있는 범아일여, 업, 윤회, 해탈 등은 원래 브라만교의 이념으로 나중에 불교가 이런 브라만교의 우주관을 받아들인 것입니다.

오직 나를 위한
자기계발

•

카스트제도는 브라만교에서 나온 신분 제도입니다. 이처럼 신분제는 지배자가 질서를 유지하기에 유효한 도구입니다.

그러나 한편 지배당하는 쪽은 당연히 반발합니다. 불교 창시자인 붓다는 브라만교의 권위의식을 인정하지 않았고 카스트제도를 부정했습니다. 붓다는 의례와 상관없이 개인의 해방을 목표로 할 것을 이야기했습니다.

붓다의 본명은 고타마 싯다르타입니다. 붓다를 석가라고 부르는 것은 붓다가 석가족의 왕족이었고 중국에서 붓다를 석가의 성자라는 의미로 석가모니라고 칭했기 때문입니다.

또 붓다는 이름이 아니고 깨달음을 얻은 자를 의미하는 존칭입니다. 붓다와 석가는 고타마 싯다르타를 부르는 호칭입니다.

붓다의 생몰년은 확실하지 않지만 기원전 563~483년 또는 기원전 463~365년 설이 가장 유력합니다. 어쨌든 두 시기 모두 인도에서 부족 사회가 크게 발전하고 경제적인 기반이 형성되었습니다.

경제가 발전하고 사회가 급격하게 변화하는 중에 기존의 브라만교가 규정하는 의식주와 고정적인 신분제에 대해서 사람들은 점점 더 의구심을 갖기 시작했습니다. 붓다는 그런 사람들과 사회에 자기 해방을 목표로 하는 새로운 사고의 틀을 제시했습니다.

붓다는 초월적인 신을 인정하지 않았고 자기 자신을 신으로 만들지도 않았습니다. 절대신을 인정하면 그 신을 위해서 제사를 지내야 하고 의식주의가 횡행하게 되고 신을 모시는 신관 신분이 필요해집니다. 브라만교가 가져온 폐해를 비판한 붓다가 절대신을 부정했던 것은 당연한 일인지도 모릅니다.

신과 영적인 것을 끌어들이지 않고 인간이 살아가는 방법이나 마음가짐을 순수하게 이야기한다는 의미에서 불교는 종교가 아니라 현대에서 이야기하는 자기계발이었습니다. 붓다는 그 당시에 자신을 신격화하지 않았지만 나중에 사람들이 붓다를 마음대로 신격화했고 불교 신화가 과장된 형태로 만들어지면서 불상에 손을 모아서 절을 하는 습관도 생겼습니다.

국가의 통일과
불교의 역할

•

붓다 사후 기원전 326년 인도 사회에 격진이 일어났습니다. 페르시아 왕국을 정복한 알렉산더대왕이 인도를 공격해온 것입니다. 그리스인인 알렉산더는 중동 지방을 넘어서 멀리 인도에까지 도달했습니다. 알렉산더 원정은 규모가 엄청났습니다.

알렉산더대왕은 인더스강을 넘어서 인도 북서부 펀자브 지방에 침입했고 모든 부족을 평정했습니다. 이어서 인도 중앙부로 향하려고 했지만 부하가 반대했기 때문에 어쩔 수 없이 철수했습니다.

외적의 위협에 직면한 인도 부족 사회는 스스로를 지키기 위해서 무장을 하고 군대를 만들었습니다. 군대는 약육강식의 원리로 약한 자를 조직에 편입시키면서 통합해갑니다. 이렇게 해서 부족 사회는 새로운 통일 국가 사회로 발전하고 드디어 인도에 통일 왕조가 나타납니다. 기원전 4세기 마우리아 왕조, 1세기 쿠샨 왕조, 4세기 굽타 왕조, 7세기 바르다나 왕조가 흥망성쇠를 거듭했습니다. 이들 통일 왕조는 모두 불교를 국교로 삼았습니다. 왜 브라만교가 아니라 불교를 국교로 삼았을까요?

브라만교는 다신교입니다. 브라만교에서는 번개신 인드라, 물신 바루나, 불신 아그니 등이 중심이 됩니다. 인도 각지에서 다양한 신을 존중하는데 하나의 종교지만 서로 다른 이야기를 하고 신앙의 형태도 다양했습니다.

힌두교의 신처럼 뿔뿔이 흩어진 상태에서는 국가를 통일할 수 없습니다. 한편 불교는 붓다만을 믿고 신앙생활도 하고 교리도 통일되어 있어서 통일 왕조가 국교로 사용하기 좋았습니다. 또 왕조가 중앙집권을 유지할 때 방해가 되는 브라만교의 신관 세력들과 보수파를 배제하기 위해서도 불교는 필요했습니다.

통일 왕조의
경제 성장 전략과 불교
·

불교는 살생을 엄격하게 금지합니다. 통일 왕조가 성립하고 안정된 뒤 통일 왕조는 폭동, 반란, 전쟁 등을 방지하기 위해서 살생을 금지하는 불교 교리를 이용했습니다. 불교는 통일 왕조의 안정과 질서를 유지하는 지주가 되었습니다.

불교는 상인 계급에게도 환영을 받았습니다. 살생이 없는 평화로운 시기에 상인들은 안심하고 상업을 계속할 수 있었습니다. 상인들은 교단에 보시布施를 하고 조직을 확대했습니다. 교단과 왕권이 깊은 유착 관계를 맺었고 재정적 지원 아래 상업 인프라가 정리되어 각지에 도시가 형성되었습니다.

도시의 수익이 늘어나면 늘어날수록 왕조는 많은 세금을 얻었습니다. 도시 상인들은 불교를 연대 기반으로 삼으면서 서로 돕는 관계를 쌓았고 통제할 수 있는 경제 집단을 만들었습니다. 왕조는 경재계를 발전의 원동력으로 보고 이들을 우선적으로 지원했습니다.

이른 바 불교의 조직적 연대를 축으로 한 국가 성장 전략이었기 때문에 각 왕조는 불교가 자리를 잡을 수 있도록 도왔습니다.

불교와 함께 경제가 발전했던 통일 왕조는 모든 사람들에게 부가 전달되도록 배려했습니다. 마애비, 석주비, 부처의 사리 위에 돌이나 흙을 쌓아올린 스투파 등을 각지에 건설했고 공공사업이 있을 때마다 실업자와 빈곤층을 고용하고 그들에게 생활양식을 제공했습니다.

비문과 불탑을 건설함으로써 안정과 평화를 구하는 불교 이념을 전국에 퍼트렸고 왕조는 안정적으로 세력을 확장할 수 있었습니다.

불교는 상인들의 교역을 통해서 인도 바깥으로 전해졌습니다. 기원전 3세기경 갠지스강을 넘었고 바닷길로는 스리랑카를 경유해서 동남아시아 전역에 전해졌습니다. 또 기원후 2세기경 인도 북쪽의 실크로드를 타고 중국으로 전해졌고 그 뒤에 한반도를 거쳐 6세기 일본으로 전해졌습니다.

5

힌두교,
서민의 생계를 책임지다

불교가 통일 왕조의 보호를 받고 융성했던 시기에도 브라만교는 쇠 퇴하지 않았습니다. 브라만교의 경전《베다 veda》는 난해하고 철학 적이었기 때문에 대중이 이해하기가 어려웠습니다. 그래서《베다》 를 알기 쉽게 만든《마누법전 Code of Manu》이 편찬되었습니다.

《마누법전》은 사람들이 지켜야 할 생활 규범을 정한 일반인용 경 전으로《마누법전》편찬을 계기로 브라만교는 대중에게 널리 보급 되고 토착화됐습니다.

전설 속 인류의 시조인 마누가 신의 계시를 받아 만들었다는《마 누법전》은 그 제작 년도가 확실하지 않지만 기원전 200에서 기원후 200년경 사이로 추측됩니다. 다시 말하면 불교가 융성하던 시기와 거의 일치합니다. 《마누법전》 편찬으로 브라만교는 힌두교의 원형이 됐습니다.

4세기경 브라만교는 기존의 의식주의를 배제하고 민중 생활과 밀착하기 시작했습니다. 이때부터 사람들은 브라만교를 힌두교라고 불렀습니다. 불교가 귀족과 상인에게 많은 지지를 받았다면 힌두교는 일반 민중에게 지지를 얻은 대중 종교였습니다.

힌두Hindu는 인더스강을 뜻하는 페르시아어로, 브라만 고전어인 산스크리트어의 신두Sindhu에서 유래했습니다. '물,' '큰 강'이라는 뜻을 갖고 있는 신두는 인더스강을 지칭합니다. 힌두는 그리스어로 인도Indos입니다.

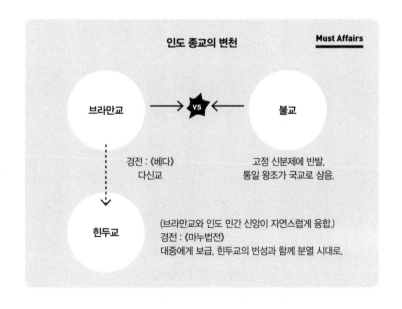

결국 힌두와 인도는 신두라는 의미로 인더스강의 은혜로 만들어진 지역과 사회 전체를 총칭합니다. 따라서 힌두교가 인도교가 되는 것이지요.

어원에서 알 수 있듯이 힌두교는 특정 창시자가 없습니다. 또 신앙의 형태가 정해져 있는 것도 아닙니다. 힌두교는 인도 전체에 퍼져 있던 민간 신앙 전반을 가리킵니다.

카스트라는 필요악

•

통일왕조시대에 도시형 상업 경제가 발전하긴 했지만 인도 경제의 중심은 여전히 농업이었고 인구 절반이 농민이었습니다.

농경사회에서 사람들은 자연과 마주합니다. 그러다 보면 자연스럽게 위대한 자연을 지배하는 초월적인 것을 경외하게 될 수밖에 없지요. 경외심은 더 나아가 초월적 존재를 신으로 삼는 신앙으로 연결됩니다. 다신교인 힌두교에서 번개신, 물신, 불신 등은 자연 속에

힌두교의 신들　　　　　　　　　　　　　　　　**Must Word**

힌두교에는 번개신, 물신, 불신 등 다양한 신이 있지만 그 신들보다 더 위에 있는 신들이 있다. 우주를 창조한 신 브라흐마, 우주를 유지하는 신 비슈누, 파괴하는 신 시바가 바로 가장 위에 있는 신이다. 힌두교에는 비슈누를 최고신으로 하는 파와 시바를 최고신으로 하는 파가 대립하고 신앙의 형태도 다양하다.

서 존재하는 것입니다.

반면에 불교는 신앙을 이야기하지 않습니다. 인간을 괴로움에서 어떻게 해방시킬 수 있는지 탐구하고 그 방법을 실천하라고 가르칩니다. 그러나 당시 인도 농민들 입장에서 불교는 도시 생활을 향유하는 귀족이나 상인의 것이었습니다. 농민들에게 불교 교리는 생소하고 추상적이어서 일상생활에 침투하기가 어려웠습니다.

힌두교는 브라만교를 이어받아 카스트제도를 그대로 계승합니다. 카스트제도에서 농민은 최하층 노예 계급입니다. 힌두교를 받아들인다는 것은 신분제를 받아들이는 것이고 자신들을 영원히 최하층에 놓이게 하는 것입니다.

그것을 알지만 농민들을 비롯한 대중은 자연 안에 존재하는 신을 필요로 했습니다. 1500년이 지난 오늘날에도 힌두교를 믿는 인도 사람들에게 엄격한 신분제는 신이 주신 운명입니다.

7세기 통일왕조시대가 끝나고 보호자를 잃어버린 불교는 인도에서 급격하게 쇠퇴합니다. 현재 약 12억 인도 인구 가운데 힌두교도는 80.5퍼센트, 이슬람교도는 13.4퍼센트인데 비해 불교도는 0.8퍼센트밖에 되지 않습니다. 불교를 대신해서 힌두교가 융성했고 힌두교의 다신교적 세계관 속에서 각지에서 독립한 지방 정권이 난립해 인도는 분열 시대로 들어갑니다.

16세기 이슬람교를 내건 무굴제국이 등장하고 나서야 인도는 통일됩니다.

경제적 손해를 감수하며
신분제를 유지하는 이유

·

16세기 무굴제국은 이슬람제국을 내걸었지만 인도인의 힌두교 신앙을 인정했기 때문에 힌두교와 카스트제도는 계속됐습니다. 18~19세기 영국이 인도로 진출했을 때 영국은 카스트제도를 인도를 지배하는 도구로 이용했습니다. 영국은 상급 카스트 유력자들을 교묘하게 회유해서 그들에게 다양한 권리를 줬고 하급 카스트를 대리 지배하도록 시켰습니다.

영국은 상급 카스트가 하급 카스트에게 세금을 징수할 권리를 인정했고 징수한 세금의 몇 퍼센트를 영국에 상납하게 했습니다. 상납금을 얻은 영국은 유력자들의 토지 지배권을 인정했습니다.

옛날부터 계속된 계급 분단 때문에 인도인의 국민 의식은 통합되지 못했고 그 덕분에 외적은 쉽게 인도를 지배할 수 있었습니다.

봉건적 카스트제도는 인도의 근대화를 방해하는 가장 큰 원인이지만 인도 사람들은 그 제도를 바꿀 수가 없습니다. 카스트제도는 신이 정해준 법도이므로 그것을 바꾸는 것은 신을 거스르는 행위가 됩니다.

카스트제도가 경제적으로 손해인지 이득인지를 논한다면 국가 입장으로 볼 때 큰 손해입니다. 봉건적 신분제가 경제 발전을 저해하는 것은 말할 필요도 없습니다.

그러나 인도의 힌두교도는 경제적 이득과 손해의 개념을 넘어선 곳에서 가치를 이끌어내고 있습니다. 합리적인 발상만으로는 인도 사람들의 세계관을 이해할 수 없습니다.

신에 맞서는 현대 인도 경제

·

카스트제도 안에서 내쳐진 불가촉천민은 신분 차별에 반대합니다. 불가촉천민 출신인 빔라오 람지 암베드카르Bhimrao Ramji Ambedkar는 카스트 반대 운동을 지도한 대표적 인물입니다.

암베드카르는 인도가 영국에서 독립한 뒤 법무부 장관이 되어 1950년에 제정된 인도 헌법 원안을 작성하는 데에 참여했습니다. 카스트제도에서 불가촉민은 동물 도살이나 청소 등의 노동만 할 수 있고 도로, 우물, 저수지도 일반 카스트 사람과 함께 사용할 수 없습니다.

암베드카르는 그런 차별을 반대했고 사용을 금지한 도로와 물의 사용 개방을 요구했습니다.

암베드카르는 인도 독립의 아버지 간디에게 "개나 고양이처럼 취급받고 물도 마음대로 마실 수 없는 곳을 어떻게 조국이라고 말하고 자신의 종교라고 말할 수 있겠는가? 자존심이 있는 불가촉민이라면 그 누구도 이 나라를 자랑스럽게 여기지 않는다"라고 말했습니다. 그는 차별의 원인이 힌두교에 있다고 보고 1956년 수십만 불가촉천민과 함께 불교로 개종을 했습니다. 그러나 그런 저항 활동으로는 근본적인 문제가 해결되지 않았고 간디가 염려했던 대로 역차별을 받았습니다. 결과적으로 불가촉민에 대한 차별이 없어지지 않았습니다.

현재 인터넷이 인도에 보급이 되면서 카스트제도 근간의 일부가 흔들리고 있다고 합니다. 인터넷이 갖는 익명성은 출신에 관계없이 발언의 자유를 보장하니까요.

IT 기술을 몸으로 익힌 인도인들이 세계로 뻗어가고 있습니다. 프로그램 개발 기술을 세계에 팔고 세계를 상대로 고용관계를 맺고 있습니다. 무역 물류 방면에서도 모든 계급의 사람들이 세계를 상대로 물건을 팔고 계약을 맺고 있습니다.

인도 각지에서 IT 세대들이 큰 비즈니스 기회를 잡고 약진하는 것을 볼 수 있습니다. IT가 가져온 글로벌 환경이 카스트제도라는 신이 부여한 질서에 도전할 수 있는지 주목되고 있습니다.

빔라오 람지 암베드카르　　　　　　　　　　　　**Must Person**

불가촉민 공동체에서 태어났지만 콜롬비아대학교와 런던대학교에서 박사학위를 받고 변호사 자격을 얻었다. 간디와 카스트상의 특권층으로 구성된 국민회의파를 비판했다.

Part 2

중세 :
종교, 경제에서 태어나 경제를 낳다

6

경제 왜곡에서 탄생한
이슬람교

2013년 이후 이슬람권 전체는 세계 GDP에서 7퍼센트 전후의 점유율을 보이고 있습니다. 금액으로는 5억 달러에 이릅니다. 두바이 같은 화려한 대도시를 건설하고 오일머니로 눈부신 발전을 이룬 이슬람권인데도 전체 경제 규모는 일본의 경제 규모와 비슷합니다.

이슬람권에는 두바이 같은 대도시도 있지만 가난한 소도시도 많

넥스트 일레븐 Next Eleven   **Must Word**

투자 회사 골드먼삭스 Goldman Sachs 가 BRICs(브라질, 인도, 중국) 다음으로 성장할 11개의 신흥 국가인 넥스트 일레븐에 베트남, 필리핀, 멕시코, 한국 등의 4개국과 파키스탄, 방글라데시, 이란, 나이지리아, 이집트, 터키, 인도네시아 등의 이슬람 국가 7개국을 포함했다.

고, 엄청난 대부호도 많지만 가난한 사람도 많습니다. 도시 간 격차와 빈부 격차가 큽니다. 그 결과 이슬람권 경제 규모는 전체적으로 일본 경제 규모와 거의 같습니다.

그러나 이슬람권에는 산유국이 많고 석유 수출로 벌어들인 거액의 오일머니는 국부펀드에 들어 있습니다. 국부펀드는 GDP에는 나타나지 않는 유동 자금입니다. 이슬람 국가들의 국부펀드를 모두 더하면 5억 달러가 넘는다고 합니다. 이 정도 규모의 거액 펀드가 어떤 의도를 갖고 세계 금융 시장을 움직이면 그 영향이 어느 정도일지 가늠할 수 없습니다.

이슬람교도는 약 16억 명이며 세계 인구의 약 23퍼센트를 차지하고 있습니다. 2030년에는 약 22억 명까지 늘어 세계 인구의 26퍼센트를 차지할 것으로 예상됩니다. 이슬람권 인구가 늘어나면 이슬람권 경제도 확대될 것입니다.

경제 격차와 종교 구제

•

이슬람이란 도대체 무엇일까요? 이슬람은 '양도'라는 의미를 가진 상거래 용어에서 유래했습니다. 이 말은 이후 신에게 자신의 모든 것을 양도하고 절대적으로 귀의한다는 계약과 약속을 의미하게 되었습니다.

이슬람교 창시자인 무함마드는 7세기 초에 나타난 인물입니다. 당시 세계 경기가 호황이었기 때문에 전성기를 맞이하는 왕조나 새롭게 힘을 키운 왕조가 나타났습니다. 세계적인 호경기를 배경으로 유럽과 아시아를 연결하는 물류 네트워크가 정비되어 육로인 실크로드와 바닷길이 널리 사용됐습니다.

이 바닷길은 유럽에서 지중해로 남하해서 이집트로 들어가고 시나이반도를 넘어서 아라비아반도 서안의 홍해 연안 지역인 헤자즈를 경유해서 인도양에 이릅니다.

헤자즈의 중심이었던 메카는 유럽과 아시아의 중계 무역으로 막대한 부를 축적해서 번영했지만 동시에 안에서는 극단적인 빈부 격차가 발생했습니다.

많은 사람들이 경제 발전의 덕을 보지 못하고 열악한 생활수준에 머물렀고 그에 따른 불만이 커져갔습니다.

이러한 사회 모순이 만연하는 가운데 예언자 무함마드가 등장했습니다. 무함마드는 메카에서 태어난 명문 쿠라이시족의 상인이었습니다. 그는 유일신 알라로 귀의해야 한다고 이야기하며 이슬람교를 창시했습니다.

무함마드는 610년 메카에서 빈곤층을 중심으로 포교를 개시했습니다. 빈부 격차를 바로잡아야 한다고 주장하며 유일신 알라 앞에서의 평등을 외쳤습니다. 무함마드는 거상 집안 사람으로서 풍부한 자금을 빈곤층을 구제하기 위해 썼습니다. 빈곤층은 무함마드의 이야기에 귀를 기울였고 이슬람교에 귀의했습니다.

이슬람교가 내건 평등한 세상이라는 이상도 빈곤층에게 매력적
이었습니다.

이슬람교는 경제가 편중되고 왜곡된 사회 속에서 태어난 반동의
산물이었습니다. 그 반동을 정당화하기 위한 대의명분을 신적인 권
위에서 찾았습니다.

지배층의 이권 투쟁
·

급속하게 퍼져가는 이슬람교를 경계한 지배층과 거상들은 이슬람
교를 탄압했고 무함마드를 질서를 어지럽히는 위험 분자로서 박해
했습니다. 무함마드 일파는 박해를 피해 도망 다니면서 세력을 확
대했고 드디어 630년 메카를 점령하고 지배층을 쫓아냈습니다. 그
땅에 카바 신전을 세우고 이슬람의 근거지로 삼았습니다.

무함마드가 태어날 당시 세계적인 호경기의 파도가 아라비아반
도까지 영향을 끼쳤고 아라비아반도의 경제가 크게 성장했습니다.
한편 그로 인해 빈부 격차가 벌어지고 수많은 빈곤층이 생겼습니
다. 급속한 경제 발전이 경제 격차라는 부작용을 낳은 것이지요.

동서고금을 막론하고 지는 쪽은 이기는 쪽에 비해서 수가 압도적
으로 많습니다. 결국 빈곤층의 원망, 분노, 초조함이 커지면 커질수

록 쿠데타를 일으킬 힘이 커집니다. 무함마드는 이 힘을 이용했습니다.

빈곤층이 쿠데타와 반란을 일으킬 때 종교와 밀접하게 연결되는 일이 역사에는 자주 있습니다. 그러나 빈곤층이 일으킨 종교 반란은 거의 대부분 성공하지 못합니다. 영주와 국가 같은 지배층은 조직화된 군대가 있는 반면 빈곤층의 군대는 오합지졸입니다. 절대로 지배층의 군대를 이길 수 없지요. 병력 수에서 빈곤층이 지배층을 웃돌아도 조직력에서 열세이기 때문에 빈곤층의 반란은 진압되는 일이 많습니다.

그렇다면 무엇 때문에 무함마드가 일으킨 쿠데타가 성공했을까요? 그 이유는 지도자인 무함마드가 지배층 사람이었기 때문입니다. 무함마드의 출신 부족인 쿠라이시족은 메카의 지배층이었고 강력한 사병 집단을 갖고 있었습니다. 일족 가운데 무술이 뛰어난 전략가도 있었고 전문적인 군사도 많았습니다. 빈곤층을 조직적인 군사로 만든 것도 그들입니다.

이슬람 쿠데타는 실질적으로 쿠라이시족이 빈곤층을 교묘하게 끌어들여서 다른 부호들을 쫓아내기 위한 전쟁이었습니다. 호족끼리의 싸움에 빈곤층을 끌어들이고 빈곤층을 싸움에 내세우기 위해서 교모하게 이슬람교를 선동 장치로 이용한 것입니다. 따라서 이슬람 쿠데타는 순수한 쿠데타가 아니라 지배층인 쿠라이시족의 용의주도한 권리 이권 투쟁이었고 그들은 이길 만한 싸움을 해서 이긴 것이었습니다.

이슬람의 뛰어난 경제 시스템

•

이슬람은 세력을 확대하면서도 빈곤층을 배려했습니다. 《코란》에는 부가 한쪽으로 집중되는 것과 물건이나 화폐를 쓰지 않고 묵혀두는 것을 방지하기 위한 다양한 계율이 존재합니다. 예를 들어 토지는 알라가 부여해준 것이기 때문에 사적으로 소유하는 것이 제한됩니다. 그렇게 일부 사람들이 토지를 독점하는 것을 막고 있지요.

또 부유층은 자카트라는 기부금을 내야 합니다. 그에 더해서 《코란》은 부유층에게 종교세를 걷어서 부가 빈곤층에게 재분배되도록 규정하고 있습니다.

자카트의 일환으로서 와크프라는 것이 있습니다. 와크프는 단순하게 재산을 기부하는 것이 아니라 병원, 학교, 모스크 등 공익과 복지를 위해 재산의 소유권 행사를 멈추는 것입니다. 와크프 역시 일정 재산을 가진 사람에게 부과됩니다.

《코란》에서 설명한 자카트와 와크프 규정은 시대와 함께 유명무실해졌습니다. 그래서 현재 이슬람 사회의 빈부 격차는 늘어나기만 하고 줄어들지가 않습니다. 그러나 이슬람 초창기에는 자카트와 와크프를 철저하게 지켰고 부가 잘 분배돼서 이슬람 사회가 강하게 결속할 수 있었습니다.

그 외에 이슬람에서는 공공에 도움을 주기 위해서라면 모든 생산 기관에 국가가 개입할 권한이 있었습니다. 일부 사업자가 이익을 독점하는 것을 막기 위해서였습니다. 또 이슬람에서는 화폐가 자가 증식하는 형태인 이사를 인정하지 않습니다.

이슬람은 경제 격차가 벌어질 때 빈곤층에게 지지를 받았습니다. 이슬람교가 부의 편중을 막고 격차를 해소할 수 있는 경제 시스템 설계를 교의 안에 포함시킨 것은 필연적인 결과였다고 말할 수 있습니다.

코란 Must Word

무함마드가 유일신 알라에게서 받은 계시를 수록한 것이나. 무함마드가 직접 기록하지 않았고 7세기 중반에 제3대 칼리프(Caliph, 이슬람제국의 지배자—옮긴이)인 우스만 이븐 아판 Uthman ibn Affan 의 명령에 따라 편찬됐다. 코란은 '암송해야 할 것,' '읽는 것'이란 의미이다.

복식 부기의 발명 Must Word

12세기 말 이슬람 상인이 발명한 뒤 베네치아 제노바의 상인들을 거처 유럽으로 전해졌다. 1494년 수학자 루카 파치올리 Luca Pacioli 가 《산술집성 Summa de arithmetica 》를 저술하고 복식 부기 이론을 학술적으로 설명했다.

7

납세,
성전의 숨은 목적

2015년 IS 일부 과격파의 잔혹함이 보도되어 "이슬람교는 무섭다" "크리스트교를 적대한다"라는 이미지를 강하게 남겼습니다. 그러나 이슬람교는 원래 관용의 종교입니다. 무함마드 시대에는 그리스도 교도와 유대교를 계전啓典의 민족으로서 존중했고 적대하지 않았습니다.

계전은 유대교의 성전인《구약성서》와 크리스트교의 성전인《신약성서》를 지칭합니다. 이들 이교도는 세금만 지불하면 이슬람 사회에서 공존하며 살아갈 수 있었습니다.《코란》에는 아래와 같이 기록되어 있습니다.

계전을 받은 자들이지만 알라와 종말의 날을 믿지 않고 알라와 그의 사도가 금한 것을 믿지 않고 참된 종교를 믿지 않는 자에 대해서는 스스로 자기를 낮추며 자발적으로 인두세人頭稅를 바칠 때까지 싸우라.

- 코란 9장 29절

이교도가 세금을 낸다고 항복할 때까지는 싸워도 좋지만 이교도를 개종시켜야 한다든가 몰살해야 한다고 이야기하지는 않습니다.

이슬람에 입신하지 않아도 세금을 납부하면 그 이상의 싸움은 허락되지 않습니다.

그러나 납세를 거부했을 때는 싸울 수 있습니다.

타 종교에 대한 관용을 세금으로 바꾸는 것을 인정하는 종교는 이슬람교뿐입니다. 이슬람교에는 강제적 지배보다 금전적 실리를 우선한다는 합리적인 사상이 있습니다.

이교도에 대한 이슬람의 싸움을 지하드, 즉 성전聖戰이라고 부릅니다.

성전은 타협 없는 이교도 섬멸을 이야기하지만 그 목적은 납세, 결국 돈입니다. 단순하게 문제를 돈으로 해결하려는 것은 아닙니다. 이슬람과 이교도의 공존을 위한 합리적 지혜입니다. 실제로 이슬람은 이런 지혜로 세력을 급속하게 확대하고 있습니다.

신앙을 위한 성전은 없다

•

처음에는 관용적이었던 이슬람교도 세력을 확대하면서 군사력을 우선으로 영토를 확장하려는 야심이 강해졌습니다.

따라서 정복에 필요한 대의명분을 이슬람교에서 찾으려고 했지요. 원리주의자들은 정복을 통해 신 알라의 지배와 은총을 확대하려는 강한 의지를 갖고 종교와 세속 구분 없이 타협을 허락하지 않았습니다. 성전을 자신들에게 좋은 쪽으로 확대 해석해서 군사 확장의 구실로 삼았는데 오늘날의 IS는 그 전형적인 예라고 할 수 있습니다.

다만 확대 해석한 성전도 신앙과는 별도로 최종 목적은 이권 획득, 결국 돈입니다.

이른바 말 그대로 순수하게 신앙을 둘러싼 성전은 이 세상에 없었습니다. 원수를 죽이고 싶다든가 경제적 이해가 충돌하기 때문에 서로 죽이는 것입니다. 이슬람교와 크리스트교가 충돌한 십자군 전쟁은 신앙을 문제로 일어난 종교전쟁처럼 보이지만 끝까지 파고들

알 바그다디 Al-Baghdadi **Must Person**

IS 지도자. 2003년 이라크 전쟁에서 미군에 구속됐다. 석방 후에 빈 라덴Bin Laden과 알 카에다Al-Qaeda와 관계를 가지면서 IS를 확대했다. 인터넷에서 빈곤층 약자를 중심으로 모병했다. 2019년 사망했다.

중세 : 종교, 경제에서
태어나 경제를 낳다

어가서 보면 영토 분쟁, 이권 투쟁 때문에 일어난 전쟁입니다. 종교 대립이 직접적으로 원인이 된 적은 없습니다.

이해관계가 다른 두 세력이 대립하고 있다고 해보죠. 두 집단은 자기 집단을 단결시키기 위해서 또는 전쟁을 정당화하기 위해서 종교를 이용할 것입니다. 그러나 대립은 종교와 상관없이 이해관계만 조정되면 빨리 해소됩니다.

이슬람교든 크리스트교든 진정한 의미에서의 원리주의 집단은 없습니다. 광신자 개개인은 여기저기 흩어져서 존재할 수 있지만 순수한 원리주의가 집단으로서 일정한 사회적 합의를 얻고 또 그것을 지속가능한 기준으로 역할을 다한 예는 역사에 없었습니다.

IS도 결국 이익을 얻기 위한 이권 단체에 지나지 않습니다. 이권이 잘 배분될 때에는 강하게 결속하겠지만 그렇지 못하면 공중분해할 것입니다. 이슬람교에만 특수한 원리주의가 있다는 이미지는 잘못된 것입니다.

종교 대립이 아닌 경제 대립

•

무함마드 사후에 칼리프가 그 후계자로서 이슬람을 지배합니다. 칼리프란 예언자 무함마드의 대리인 또는 후계자라는 의미입니다.

이슬람 초기에는 무함마드의 친인척들이 이슬람교를 통치하고 그 지배권을 아라비아반도, 이란, 이라크, 시리아, 이집트로 확장했습니다.

그 가운데 칼리프의 지위를 둘러싼 다툼이 일어났습니다. 칼리프는 무함마드의 피를 이어받은 직계 자손이어야 한다고 주장하는 사람들을 시아파라고 불렀습니다. 시아파는 무함마드의 혈족이라는 사실이 정통성의 증거이며 그 권위는 누구도 거스를 수 없다고 봤습니다.

그러나 혈족이라는 정통성만으로는 무능하고 병약한 칼리프가 나타날 가능성과 혈족끼리 분쟁이 생길 가능성이 있었습니다. 따라서 혈연에 얽매이지 말고 유능한 사람을 심의해서 선출해야 한다고

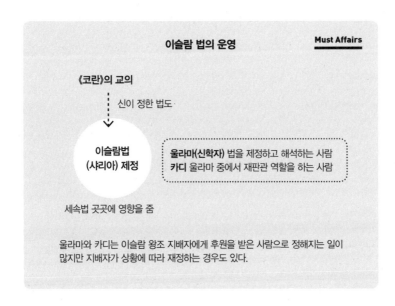

이슬람 법의 운영　　　　　**Must Affairs**

《코란》의 교의

신이 정한 법도

이슬람법
(샤리아) 제정

울라마(신학자) 법을 제정하고 해석하는 사람
카디 울라마 중에서 재판관 역할을 하는 사람

세속법 곳곳에 영향을 줌

울라마와 카디는 이슬람 왕조 지배자에게 후원을 받은 사람으로 정해지는 일이 많지만 지배자가 상황에 따라 재정하는 경우도 있다.

주장하는 사람들이 있었습니다. 그들을 수니파라고 불렀습니다. 이슬람 역사에서는 수니파가 다수를 형성했습니다. 그래서 역대 칼리프는 수니파의 지도자로서 나라를 다스렸습니다.

한편 시아파는 이란과 이라크 동쪽 일대로 세력을 확대했습니다. 이란에서는 오늘날에도 시아파가 주류입니다. 사우디아라비아 남쪽 일부와 바레인에도 시아파가 많이 살고 있습니다.

교리 면에서 시아파와 수니파는 다르지 않습니다. 두 파벌은 칼리프 후계 문제에서 갈라졌고 나아가서 권력 투쟁의 정치 문제로 발전했습니다. 그 갈등은 오늘날까지 계속되고 있습니다.

20세기 이후 중동 각 지역에서 유전이 개발되자 그 이권을 둘러싼 시아파와 수니파의 대립이 격렬해졌습니다. 불행하게도 석유 자원이 풍부한 곳 중에 시아파와 수니파의 거주 지역이 혼재된 분쟁 지역이 있었습니다. 또 여러 민족이나 부족이 섞여 살고 있는 지역도 있었습니다. 석유 이권 분쟁이 사람들 사이의 불화를 더 심하게 만들었습니다.

이슬람 세계에서 시아파와 수니파의 대립은 종교 대립보다는 오히려 토지와 석유 자원을 둘러싼 분쟁입니다.

8

크리스트교와
자본주의의 맹아

중세 유럽에는 교황과 황제라는 두 가지 권력이 있습니다. 황제는 세속 세계의 지도자이고 교황은 종교 세계의 지도자라고 이야기할 수 있습니다. 어떤 이미지인지 머릿속으로 잘 떠올려지지 않죠?

지배 계급이 황제와 장군들로 구성된 세속 세계는 이해하기 쉬울 것입니다. 그러나 성직자들로 구성된 종교 세계와 가장 높은 곳에서 군림하는 교황이라는 존재를 이해하는 것은 쉽지 않은 일이죠.

중세시대에 교황과 성직자는 종교 세계에만 머무르지 않았고 세속 세계에 대한 지배권도 가졌습니다. 유럽의 여러 지역에서 조세를 거둘 수 있었고 지방 정치를 도맡아서 관리했으며 군대도 조정했습니다.

성직자가 어떻게 그런 세속적인 힘을 갖고 있었을까요?

한마디로 말하면 성직자에게 신용이 있었기 때문입니다. 신이 절대적이었던 중세에서 성직자의 판단은 감히 범하기 어려운 신의 권위를 배경으로 했기 때문에 존중받을 수 있었습니다. 모든 분야에서 성직자가 판단을 내렸고 성직자가 인정한 것만이 정당성을 갖고 그것을 중심으로 모든 일이 돌아갔습니다.

교황은 로마 가톨릭 교회의 최고 수장이자 그리스도 예수의 12제자 중 한 사람인 베드로의 후계자입니다. 그리스도 예수 사후 베드로가 로마에 와서 교회를 개척했습니다. 처음에 크리스트교는 로마제국의 박해를 받았지만 오히려 신도들은 늘어났고 계속 발전했습니다.

4세기에 로마제국이 크리스트교를 공인한 이래로 로마 교회는 지위를 공공연하게 확립했고 최고 수장인 교황의 지위도 인정받았습니다. 사도 베드로에게서 유래한다는 특별한 기원이 있기 때문에 교황은 크리스트교 세계의 지도자로서 인정받을 수 있었습니다.

5세기 중반 교황 레오 1세는 "내 목소리는 베드로의 목소리이다"라고 선언했고 예수와 사도들의 대리인임을 자인했습니다. 교황

그레고리우스 1세 Must Person

그레고리우스 1세는 590년 교황이 되자 게르만족을 개종시켜서 교세를 크게 확장했고 로마 교회의 지지 기반을 다졌다. 그래서 그를 대교황이라고 부른다. 서유럽의 모든 크리스트교 세계의 최고 지도자인 교황 지위의 기초를 쌓았다.

의 자리는 계속 이어졌고 지금도 이어지고 있습니다. 현재 교황은 2013년에 재위한 제266대 프란치스코Francis 입니다.

권력과 무력의 유착

·

395년에 로마제국은 동서로 분열됐습니다. 476년에 서로마제국이 붕괴한 뒤에 서로마 황제가 폐위됐습니다.

그러나 크리스트교의 지도자인 교황의 자리는 남겨됐습니다. 황제가 폐위된 뒤 교황은 크리스트교의 기반을 단단하게 다졌고 크리

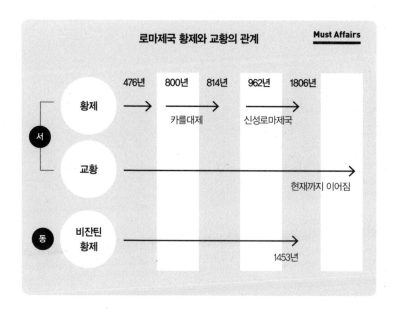

로마제국 황제와 교황의 관계　　　**Must Affairs**

중세 : 종교, 경제에서
태어나 경제를 낳다

스트교를 매개로 해서 세속에서도 지배권을 강화했습니다.

서로마제국은 게르만족에게 멸망당했고 그 뒤로 서유럽에서는 게르만족이 세력을 넓혀갔습니다. 교황은 게르만족과 결탁했고 게르만족에게 가톨릭을 포교했습니다. 게르만족의 유력자들은 교황

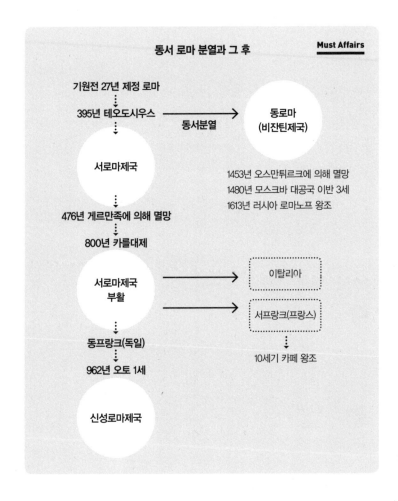

동서 로마 분열과 그 후   Must Affairs

기원전 27년 제정 로마
395년 테오도시우스 ⟶ 동로마 (비잔틴제국)
동서분열

서로마제국

1453년 오스만튀르크에 의해 멸망
1480년 모스크바 대공국 이반 3세
1613년 러시아 로마노프 왕조

476년 게르만족에 의해 멸망
800년 카를대제

서로마제국 부활 ⟶ 이탈리아
⟶ 서프랑크(프랑스)

동프랑크(독일)
962년 오토 1세

10세기 카페 왕조

신성로마제국

에게 바짝 다가가서 그 권위를 이용했고 부족을 하나로 묶을 정당성을 만들어냈습니다.

게르만족에게 강대한 조직력과 군대는 있었지만 권위는 없었습니다. 교황에게는 권위는 있지만 군대가 없었습니다. 양쪽은 서로 없는 것을 보완했고 이들의 유착 관계는 더욱 깊어졌습니다.

그렇지만 카를대제 사후 자녀들은 싸웠고 애써 부활시킨 서로마 제국은 바로 분열하고 맙니다. 현재의 프랑스, 독일, 이탈리아로 세력이 나뉘었고 서로 피폐해질 때까지 싸웠습니다. 황제 자리는 독일 세력이 가까스로 계승했지만 실체는 없었습니다.

카를대제 시대에 강력한 세력을 자랑하던 게르만족은 분열과 다툼을 반복했고 약해졌습니다. 이를 대신해서 교황은 세속에 대한 개입을 강화했고 11세기에는 유럽 각지의 유력자들이 독자적인 권력을 세우기에 이릅니다.

교황은 십자군을 편성하고 군사권을 잡았습니다. 십자군은 동유럽에 침투한 셀주크튀르크를 격퇴하는 데 성공했고 크리스트교의 탄생지인 예루살렘을 방어했습니다.

십자군은 비잔틴제국에 압력을 가해서 동유럽을 지배하기도 했습니다. 십자군의 지도자인 교황의 권위도 높아졌습니다. 13세기에는 교황 인노켄티우스 3세가 등장해서 그 권력이 절정에 이릅니다.

인노켄티우스 3세는 "교황은 태양, 황제는 달이다"라며 교황권의 강대함을 비유했습니다.

크리스트교가 가져온
자본주의의 맹아

•

중세시대 교황이 유럽을 다스린 것은 유럽 경제 성장에 영향을 줬습니다. 교황이라는 종교 권위사를 정점으로 교황의 영향력이 미치는 성직자와 지방 호족이 지배 피라미드를 만들었고 그 피라미드는 유럽 전역으로 넓어졌습니다.

따라서 중세 유럽에서는 크리스트교를 바탕으로 한 연대와 이에 따라 종교 조직에 귀속하려는 의식이 강했습니다. 반면에 국가의 정체성과 국가 의식은 약했습니다. 종교가 국가와 민족을 넘어서는 연대의 중심핵이 되었습니다. 중세에서 프랑스 왕국, 영국 왕국, 독일 황제 등의 국가 군주는 이름만 있는 것에 지나지 않았습니다.

막강한 권력을 가진 교황은 지방 정치를 지방 성직자와 호족들에게 통째로 맡겼습니다. 결국 지방분권적이고 평온한 교황 연합체가 형성됐습니다. 중앙집권적 국가는 나타나지 않았고 지방이 저마다의 방법으로 통치를 맡았습니다.

이 온화한 지방분권 체제 속에서 중세 도시가 성장했습니다. 도시는 상공업으로 더 발전했고 시장도 생겼습니다. 시장에서 화폐와 물건을 교환했고 유통 경제가 확산되어 유럽 경제 전체가 살아났습니다.

12세기 유럽은 전에 없던 호경기를 만났고 유럽 각지에서 상공업

도시가 형성됐습니다. 그중 북부 도시 뤼베크를 맹주로 하는 한자
동맹권(13~15세기 독일 북부 연안과 발트해 연안의 여러 도시가 맺은 연맹이
다. 해상 교통의 안전 보장, 공동 방호, 상권 확장 따위를 목적으로 했다-옮긴이)
과 안트베르펜의 플랑드르(벨기에) 교역권인 북부 시장은 북해와 발
트해를 무대로 번영했습니다.

한편 남부 베네치아를 중심으로 하는 롬바르디아 동맹권은 남부
시장이었고 지중해를 무대로 번성했습니다.

이 북부 시장과 남부 시장은 뉘른베르크, 아우구스부르크 등의
독일 도시를 경유해서 만났습니다. 또 롬바르디아 동맹권은 지중해
를 넘어서 카이로 등의 오리엔트 경제권과 만났습니다.

이처럼 중세 도시를 중심으로 했던 경제 활동 전반을 자본주의의
맹아로 볼 수 있습니다. 지방분권적 체제 속에서 도시 상인들은 자
신들의 재량과 책임으로 비즈니스를 운영했고 번영을 이뤘습니다.

교황이 이 체제를 보증했고 도시 상인들과 크리스트교는 더 유연
하게 연대했습니다. 종교가 12세기 유럽이 경제적으로 성장하는 데
필요한 기반과 요인을 만든 것입니다.

신이 법률을 제정하다

•

12세기 유럽 경제가 발전하면서 상인들은 상거래를 위한 법체계가

필요해졌습니다. 또 상거래 환경이나 인프라를 정비하기 위해서 고도로 발달한 행정 기관도 필요해졌지요.

유럽에서는 법을 운영하고 행정을 집행할 수 있는, 고도의 전문 지식을 몸에 익힌 지식인들을 육성해야 했고 그렇게 유럽 각지에서 고등 교육 기관인 대학이 설립되었습니다.

경제 발전이 부의 잉여를 가져왔기 때문에 대중들은 학문에 힘쓸 여유가 있었습니다. 유럽 대학 대부분은 교회와 수도원 부속의 학교를 모체로 생겨났습니다. 신학, 법학, 의학으로 된 3학부를 갖췄고 그 아래에 인문학부를 설치했습니다.

교양 과정인 인문학부는 자유 7과인 문법, 수사, 논리, 산술, 기하, 천문, 음악을 필수로 공부해야 했고 그렇지 않으면 전문학부에 들어갈 수 없었습니다. 요즘도 대학에서 일반교양 과정을 듣지 않으면 전공 과정을 공부할 수 없는데 이 방식은 중세 이후의 시스템을 답습한 것입니다.

중세시대의 대학교에서는 교회가 신학을 중심으로 학문, 사상, 예술을 총괄했고 크리스트교 교리를 연구하기 위한 신학을 최고 학문으로 삼았습니다. 중세 신학은 종교 안에서만 머무르지 않았습니다. 성서 해석을 신정법(神定法, 성서에 계시된 법으로 모세의 십계명이 이에 해당한다. 중세에는 신정법을 자연법이라고 하여 인정법人定法에 우선하게 했다-옮긴이)으로 해서 세속법에 직접 반영했습니다.

예를 들어 어떤 민사상 다툼을 재판할 때 성서에 어떻게 쓰여 있는지를 참고로 해서 법을 해석합니다. 결국 신학자는 재판관이기도 했습니다. 인간의 지혜보다 신의 지혜가 우선되었기 때문에 성서의 해석이 법을 비롯한 정치 제도, 상관습 등 모든 분야에 큰 영향을 줬습니다.

근대 유럽의 법률은 중세시대의 신정법을 기초로 만들어졌습니다. 그 때문에 크리스트교의 논리 기준은 유럽 근대법의 민법, 형법은 물론 상법에 이르기까지, 특히 벌칙 등의 논리 규범이 필요한 곳곳에 반영되었습니다.

일본은 메이지유신 이후 프랑스와 독일 법률을 거의 그대로 가져와서 일본 법률을 만들었습니다. 메이지시대에 제정된 법문, 특히 민법은 오늘날 현행법으로 계승됐습니다. 일본도 알게 모르게 크리스트교의 논리에 큰 영향을 받은 것입니다.

지방 재정을
책임지는 교회

·

중세에는 교회가 지방에 대한 행정권과 징수권을 갖고 있었고 행정 기능과 질서 유지를 담당하기도 했습니다. 그 때문에 유럽 각지에서 교회를 중심으로 마을과 도시가 건설됐습니다. 12세기 이후 유럽이 이전에 없던 호경기를 만나면서 여기저기에서 교회가 건설되기 시작했습니다.

12~14세기에 건축 기술이 비약적으로 발전하면서 높은 탑을 쌓아올리는 것이 가능해졌습니다. 그때부터 하늘을 향해서 뾰족하게 솟은 첨탑을 특징으로 하는 고딕 양식이 온 유럽에 보급되기 시작했습니다.

건물을 지탱하는 기술도 향상됐고 중세 초기에 만들어진 넓은 스테인드글라스 창을 벽면에 다는 것도 가능해졌습니다.

프랑스의 아미안 대성당, 샤르트르 대성당, 노트르담 대성당, 독일의 쾰른 대성당, 영국의 캔터베리 대성당, 이탈리아의 밀라노 대성당 등 대표적인 고딕 양식 건축물들은 모두 이 시대에 만들어졌습니다.

경기 부양으로 유럽에 돈이 남아돌았고 그에 따라 교회가 거두는 세금도 늘었습니다. 이 돈을 가난한 농촌까지 재분배하기 위해서 교회를 건설하고 공공사업을 시작했습니다.

교황을 중심으로 하는 교회 세력은 지방을 여러 구역으로 세분화해서 유럽 구석구석까지 지배권을 행사했습니다. 교회가 구역별로

고딕 양식 Must Word

고딕이란 고트족이라는 의미이다. 고트족은 게르만 민족을 이야기한다. 이탈리아인들이 중세 초기 고대 로마풍의 로마네스크 양식의 건축 스타일을 전개한 반면, 중세 후기 독일과 프랑스는 게르만 문화를 반영한 고딕 양식을 전개했다.

나눈 행정 구역을 교구라고 부릅니다. 교구 하나당 교회 하나를 반드시 건설했고 교회를 지방 재정을 관할하는 거점으로 삼았습니다. 유럽에는 아무리 작은 마을이라도 교회가 있습니다. 유럽을 방문하는 사람들은 어떻게 이렇게 작은 시골에 멋진 교회가 세워져 있는지 신기하게 생각합니다. 그러나 그것은 교회가 지방을 관리하는 중요한 거점이었다는 것을 보여주는 것입니다. 또 농촌에 사는 사람들을 교회 건설에 참여하게 함으로써 돈과 재화를 분배했습니다.

유럽에서는 오늘날에도 교구를 행정 단위로 사용합니다.

9

십자군 전쟁으로 발전한 지중해 교역

11세기 유럽에서 권력이 강해진 교황은 십자군을 편성했습니다. 십자군의 목적은 그리스도가 탄생한 땅, 성지 예루살렘을 이슬람 세력으로부터 탈환하는 것이었습니다. 크리스트교도의 영광과 명예를 건 이교도에 대한 신성한 싸움, 이것이 바로 명목상 목적이었습니다. 그러나 숭고한 이상을 위해서 목숨을 내건 십자군의 병사들은 정말 실망스러운 모습을 많이 보였습니다.

물론 종교적 이상이 십자군 병사들에게 없었던 것은 아니겠지요. 그러나 역시 힘든 원정에 나선 동기는 풍요로운 동방에서 부를 얻는 것이었을 것입니다. 특히 1202년에 조직된 제4회 십자군은 영토와 상업권을 획득하기 위해 노골적으로 내달렸고 성지 예루살렘 탈환이라는 원래 목표를 내버렸습니다.

십자군 전쟁으로 유럽과 이슬람 지역이 자주 접촉하면서 지중해 교역을 무대로 두 지역의 경제권이 연결되었습니다. 이 시대에 비약적으로 발전한 조선 기술도 지중해 무역을 활발하게 한 주요 원인이었습니다.

12세기부터 13세기에 걸친 지중해 무역으로 유럽과 이슬람은 이전에 없던 호경기를 맞았습니다. 지중해를 접한 베네치아 중심의 이탈리아에서, 카이로를 중심으로 한 이집트에서, 시리아의 이슬람 국가들에서 모두 경제가 크게 성장했습니다.

이집트와 시리아로 사람과 물건과 돈이 모여 이 지역이 이슬람 경제의 중심이 되었습니다. 반대로 과거 무역의 중심이었던 아라비아반도는 쇠퇴했습니다.

이슬람 상인이 만든 영웅
•

이 시기에 이집트와 시리아 상인들이 힘을 키웠는데 그들은 상거래를 원활하게 하기 위해서 법체계를 정비하고 화폐와 시장을 통일하기를 원했습니다. 또 이슬람을 한데 모을 수 있는 강한 리더를 원했습니다.

또 이 지역은 인종의 도가니로 아라비아계, 이란계, 튀르크계, 아프리카계 등의 다양한 인종이 왕래하고 활기가 넘쳤습니다. 상인들은 이 매력 있는 시장을 하나로 묶어서 안전하게 상공업을 할 수 있는 정치적 보호를 원했습니다.

이슬람의 리더는 살라딘이었습니다. 살라딘은 쿠르드족이라는 아랍계 소수민족 출신 사람입니다.

쿠르드족은 옛날부터 전투를 잘했고 강력한 군대를 가진 것으로 알려졌는데 살라딘은 그중에서도 천재적인 전략가였습니다.

이슬람 상인들이 살라딘에게 재정을 지원함으로써 살라딘 군대는 강해졌습니다. 살라딘은 상인들의 기대에 응해서 이집트와 시리

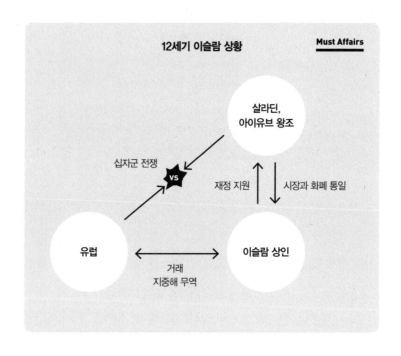

아를 통일했고 1169년 아이유브 왕조를 건국했습니다. 아이유브 왕조는 카이로를 수도로 삼았고 지중해 교역을 보호했습니다. 왕조는 여기에서 가져오는 이익을 재원으로 크게 발전했습니다.

이집트와 시리아를 통일한 살라딘은 시리아로 진출했던 크리스트교 십자군 세력을 쫓아내기 위해서 성전을 전개했습니다. 따라서 1187년 십자군 세력이 점령하고 있던 시리아 연안의 도시들을 차례차례 공략했습니다.

종교 이념인가
상업 이익인가
.

여기서 어떤 의문이 들지 않나요?

크리스트교의 유럽권과 무역 거래를 하면서 한편으로 시리아의 크리스트교 세력에게 선전포고를 하는 것이 가능할까요?

같은 이슬람 국가 안에서 정치 지도자와 상인들은 생각이 달랐습

살라딘   Must Person

살라딘은 유럽에서 부르는 이름이고 정식 명칭은 살라흐 알딘Salah al-Din이다. 원래 쿠르드족 무장으로 이라크에서 활동했지만 부대를 이끌고 이집트로 건너가 세력을 키우고 아이유브 왕조를 건국했다.

니다. 상인들은 크리스트교도와 상거래를 지속하기를 원했습니다. 크리스트교도가 시리아 지방의 성지를 침략했지만 그들과의 거래가 단절되는 일을 무엇보다도 피하고 싶었습니다.

그러나 살라딘은 이슬람 성지를 침략한 이교도를 내쫓지 않으면 이슬람 교리를 실천하는 지도사로서 역할을 다할 수가 없습니다. 이교도의 침략을 허락하는 약한 지도자의 이미지로는 정권이 구심력을 잃고 붕괴되기 때문입니다.

이집트와 시리아를 통일할 때까지 이슬람 상권은 강한 지도자 살라딘을 지원했습니다. 그러나 통일 후 새로운 전쟁을 계획하고 십자군과 본격적으로 대립하려는 살라딘과 이슬람 상인 사이의 생각 차이가 점점 벌어졌습니다.

이슬람 교리에서 본다면 이슬람 성지에 이교도가 침입했을 때 성전을 전개하는 것이 바른 길입니다. 살라딘 같은 지도자가 이를 솔신하지 않는다면 지도자로서 자질을 물어야겠지요.

그러나 한편으로 당시 이슬람은 유럽과 지중해 교역을 통해 경제적 협력 관계를 구축했습니다. 이슬람 사회의 경제 기반은 그 관계에서 이뤄졌기 때문에 크리스트교 세력과 전면으로 맞붙는 것은 이슬람의 경제 기반이 바닥에서 뒤집어지는 것이고 사회 붕괴로까지 이어질 수 있는 일이었습니다. 단순히 이슬람의 정의를 관철하는 것이 능사는 아니라고 이슬람 상인들은 생각했던 것입니다.

돈이 사라지고
식어버린 전쟁
·

살라딘이 크리스트교 세력을 공격하자 1189년 유럽에서는 잉글랜드 왕 리처드 1세, 프랑스 왕 필립 2세, 신성로마제국 황제 프리드리히 1세가 십자군을 파견하기로 결정했습니다. 이것이 제3차 십자군 전쟁입니다.

프리드리히 1세는 원정 중에 전사했고 필립 2세는 프랑스로 돌아갔습니다. 그 후 십자군을 이끈 실질적인 지도자는 리처드 1세였습니다. 리처드 1세는 용맹하고 전쟁을 잘했습니다.

이슬람 상인들은 살라딘이 리처드 1세와 싸우는 것을 좋게 생각하지 않았습니다. 지중해 무역으로 거래를 하고 있던 상인들에게 십자군 전쟁은 거래 파괴를 의미했기 때문입니다.

유럽 상인들도 이슬람과의 전면 전쟁으로 얻을 것이 없었습니다. 그렇기 때문에 이슬람 상인과 거래했던 이탈리아와 비잔틴제국은 제3차 십자군에 협력하지 않았습니다. 프랑스 왕 필립 2세도 이익

쿠르드족   **Must Word**

인구 약 3천만 명으로 자체 언어와 문화를 가졌다. 이라크 북부에서 터키 남동부까지의 지역을 중심으로 거주한다. 2003년 이라크 전쟁에서 이라크 북부 쿠르드족 자치구가 만들어짐으로써 실질적으로 독립했다. 쿠르드족 자치구의 수도 에르빌은 최근 오일머니와 서구 자본이 흘러들어 제2의 두바이라고 불릴 정도로 경제가 발전했다.

중세 : 종교, 경제에서
테어나 경제를 낳다

이 없다고 생각해서 프랑스로 돌아갔습니다.

지중해 무역과 관련이 없는 잉글랜드 왕 리처드 1세 만이 시리아를 얻기 위해서 열심히 참여했습니다.

유럽이 총궐기해서 십자군의 이름 아래 성지 예루살렘을 탈환하기 위하여 분주히 싸웠다는 것은 통속적인 이미지에 지나지 않습니다.

이슬람 상인들의 반응도 차가웠습니다. 이슬람 상인은 전쟁을 지지하지 않았고 살라딘에 대한 재정 지원을 끊어버렸습니다. 곤궁해진 살라딘 군대의 사기가 내려가기 시작했습니다. 역사책에서는 리처드 1세의 용맹함을 강조하고 리처드 1세가 살라딘 군대를 귀신처럼 격퇴했다고 설명합니다. 그러나 실제로는 살라딘의 군대가 상인들로부터 홀대받고 재정 지원이 끊기자 전의를 상실했던 것입니다.

이슬람 병사들도 상인들과 유착 관계를 맺고 있었고 부와 풍요로움을 향유했습니다. 십자군과 싸우면 상업 이권을 잃어버린다는 것을 병사들도 알았습니다.

살라딘 군은 패했고 1192년 십자군이 시리아 연안 대부분을 점령한다는 내용의 화평을 맺었습니다. 이에 따라서 크리스트교 순례자의 예루살렘 입성이 허가되었습니다. 실의에 빠진 살라딘은 화평을 맺은 그 다음해 서거했습니다.

승리한 리처드 1세는 "신앙을 관철한 성스러운 기사"라고 칭송받았지만 실제로 그 정도의 신앙심이 없었다는 설도 있습니다.

살라딘과 화평을 교섭하는 석상에서 리처드 1세는 자신의 여동

생과 살라딘의 동생인 명장 알아딜Al-Adil의 혼사를 제안했습니다. 그리고 알아딜이 크리스트교로 개종하라는 말에 살라딘이 질려했다는 이야기도 전해집니다.

리처드 1세에게 신앙과 종교는 정치적 이해관계에 따라서 간단하게 바꿀 수 있는 것으로 보입니다.

프랑스 중세 역사가인 레진 페르누Régine Pernoud는 저서《사자왕 리처드Richard Coeur de Lion》에서 리처드 1세가 영토적 야심으로 넘치는 공격 본능을 충족시킨 전쟁광이자 세속왕이었다고 자세하게 서술합니다.

중세를 장식하는 십자군 전쟁과 이슬람전쟁은 신앙심에 불타오르는 크리스트교와 이슬람교 사이의 성전이라고는 도저히 말할 수 없습니다. 어느 시대에나 종교라는 것은 교리대로만 움직이지 않고 시국과 현실적 이해관계에 영향을 받습니다.

이는 종교가 현실을 살아가는 지혜이며 현실에 맞춰 자세를 조정하는 자율적 기능을 갖는다는 것을 보여줍니다.

리처드 1세　　　　　　　　　　　　　　　　　　**Must Person**

헨리 2세의 아버지 앙주 백작 조르푸아에 기원을 둔 영국 왕가인 플래테네젓 왕조의 제2대 국왕. 전 생애를 타국에서 전쟁으로 보냈기 때문에 영국에서 보낸 시간은 대관식 등을 합쳐 6개월에 지나지 않는다고 한다. 아버지와 동생과 왕위를 둘러싸고 격렬하게 싸웠다.

중세 : 종교, 경제에서
태어나 경제를 낳다

10

인도차이나 무역의 중심,
앙코르와트

프랑스 소설가 앙드레 말로Andre Malraux는 22살이었던 1923년, 당시 프랑스령이었던 캄보디아를 여행합니다. 여행의 목적은 도굴이었습니다. 말로는 캄보디아 북부 밀림 깊숙한 곳에 있는 앙코르와트 사원 가운데 반테이 스레이 사원의 여신상을 훔친 뒤 해외로 가져오려고 하다가 체포됩니다. 그러나 당시 프랑스가 캄포디아를 식민 지배하고 있었기 때문에 1년 집행유예로 풀려납니다. 도굴 사건 1년 전 말로는 아내의 재산을 주식에 투자했다가 주가 폭락으로 파산합니다. 도굴은 주식으로 발생한 큰 손실을 메우기 위한 회피책이었다고 합니다.

19세기 말에서 20세기 초 사이 프랑스 조사대는 활발하게 캄보디아를 방문했습니다. 앙코르 유적 등의 미술품을 조사하고 대량으로 발굴해서 프랑스 본국으로 가져갔습니다. 현재 그 대부분이 파리 기메 미술관에 보관 및 전시되어 있습니다.

앙코르와트 사원에 있는 아름다운 신들의 조각과 건축물들은 말로를 비롯한 많은 사람들을 매료시켰습니다.

말로는 자신의 도굴 사건에서 아이디어를 얻어서 소설《왕도로 가는 길 La Voie Royale》을 집필했습니다. 여기서 왕도는 앙코르와트 정문을 통과하는 앙코르 유적의 중앙 도로와 거기에서 전국으로 뻗어가는 간선 도로를 지칭합니다.《왕도로 가는 길》의 주인공은 도굴한 조각상과 함께 정글 속을 헤맵니다.

앙코르와트는 지금부터 800년 전, 12세기에 앙코르 왕조가 창건한 힌두교 사원입니다. 앙코르와트 주변 수십 킬로미터에는 크고 작은 사원 유적이 무수히 흩어져 있습니다.

19세기 후반 프랑스 박물학자 앙리 마우 Henri Mahout가 앙코르와트를 프랑스인 입장에서 '발견'할 때까지 이곳은 정글 깊은 곳에 방치되어 있었다고 합니다. 정글 속에서 나타난 앙코르와트라는 거대한

앙드레 말로   **Must Person**

프랑스 작가이자 미술평론가. 대표작으로는 《왕도로 가는 길》, 《인간의 조건 La Condition Humaine》 등이 있다. 제2차 세계 대전 중 샤를르 드골 Charles De Gaulle 아래에서 레지스탕스 활동을 했고 전쟁 후 드골은 제5공화정 내각에서 문화부 장관으로 취임했다.

유적을 보고 프랑스 사람들은 "도대체 이것은 무엇인가" 하며 기겁
했습니다.

호화스러운
신앙의 증거
•

종교에 대한 정열과 강한 경제력으로 거대한 석조 사원 앙코르와트
는 건설됐습니다. 인도에서 일어난 힌두교는 동남아시아 전역으로
퍼졌고 사람들은 열심히 신앙생활을 했습니다. 앙코르 왕조는 9세
기에 나타나서 12세기에 전성기를 맞았고 인도차이나 대부분을 지
배했습니다. 앙코르란 왕도를 뜻하고 와트는 사원을 뜻합니다.

수도 앙코르는 인도차이나 반도 정중앙에 위치했는데 동쪽으로
는 베트남, 서쪽으로는 태국과 미얀마, 남쪽으로는 남중국해, 북쪽
으로는 라오스와 중국과 이웃했습니다. 다시 말하면 수도 앙코르는
교통의 요충지였던 것입니다. 말로가 말하는 왕도는 앙코르를 중심
으로 사방으로 펼쳐지는 교역로를 뜻합니다.

최근 조치대학교의 이시자와 요시아키石沢良昭의 연구로 왕도의
존재가 밝혀졌습니다. 연구에 따르면 지방에 앙코르와트보다 5배에
서 10배 더 큰 규모를 가진 5대 유적이 존재한다고 합니다. 앙코르
에서 100~150킬로미터 떨어진 이들 유적은 왕조 안에서 지방 도시

가 형성되었다는 것을 보여줍니다. 이 도시들을 연결하는 왕도 전부가 앙코르로 연결됩니다. 이시자와는 "모든 길은 로마로 통한다"라는 말이 앙코르 왕조에도 해당한다고 주장합니다.

지방 도시를 연결하는 왕도는 태국과 미얀마를 넘어 인도까지 연결됐습니다. 그 길을 통해서 인도로부터 힌두교의 종교 문화와 건축 기술 등을 전해받았습니다.

앙코르 왕조라는 거대한 중앙집권 왕조가 생기기 이전부터 캄보디아는 인근 베트남 남쪽의 인도네시아와 항쟁을 반복했습니다. 특히 베트남 남부의 참족 사람들은 중국 문화의 영향을 받았고 해로로 중국과 교역하면서 풍요롭게 살던 민족이었습니다.

밀림 부족 사회를 살던 캄보디아인들은 주변 세력에 대항하기 위해서 하나로 결속했고 앙코르 왕조를 창설했습니다.

종교와 경제의 힘으로
완전한 통치를

•

여러 부족으로 나누어 있던 캄보디아 사람들이 씨족과 혈족을 중심으로 사회를 형성했습니다. 하나의 왕국으로 통합하기 위해서는 종교와 경제의 힘이 필요했습니다.

자연을 숭배하던 밀림 사람들은 힌두교 신앙을 쉽게 받아들였습니다. 왕은 신의 영광을 이 세계에 나타내고 그 위대함을 증명하기 위해서 앙코르와트 같은 거대 사원을 건설했습니다.

12세기 전반 국왕 수리야바르만 2세는 앙코르와트 건설이라는 대형 프로젝트를 수행하기 위해서 35년에 걸쳐 해마다 약 만 명을 고용했습니다. 사원 건설 종사자와 그 가족에게 충분한 식량을 제공하기 위해서 대수전大水田도 개발했습니다. 앙코르 유적 주변에 저수지와 수로 등이 있는데 당시의 수리 시설이 얼마나 잘 발달했는지를 엿볼 수 있습니다.

풍부한 식량은 도시 인구를 늘렸고 최고 전성기에는 약 40만 명이 왕도 앙코르에서 생활했다고 합니다. 왕조는 수도만이 아니라 지방 행정도 장악했지요. 앞에서 이야기한 지방 도시에서도 거대 사원을 건설하고 마찬가지로 많은 사람들을 고용했다고 합니다.

도시가 발달하면서 도시 사이를 연결하는 교역로가 정비되어 물류 및 교역 네트워크가 확대됩니다. 드디어 캄보디아를 중계 거점으로 인도에서 남중국까지 이르는 교역의 대동맥이 형성됩니다.

사원 건설이라는 종교적인 동기가 기폭제가 되어 경제를 움직였습니다. 경제 번영과 부의 잉여로 인해서 새로운 종교 건물들을 또 건설할 수 있었습니다. 새로운 인원을 대량 동원하고 다시 경제 규모가 확대되는 긍정적인 순환이 이어졌습니다.

기부와 투자의 등장

•

종교는 정열만으로 존속할 수 없습니다. 신을 경외하는 마음을 모으기 위해서는 어떤 계기가 필요합니다. 그 계기로 사람들을 압도할 장엄한 종교적 건축물을 세웁니다.

만일 그 건축이 단순한 낭비로 끝나면 사람들은 신앙을 급속도로 잊어버립니다. 그러나 사원 건축이 공공사업으로서 의미를 갖고 건설 종사자를 대량으로 동원할 수 있게 되면 농업, 산업, 상업에 이르는 경제권이 확대됩니다. 경제 성장의 혜택을 모든 사람들이 느낄 수 있으면 종교는 지속가능해집니다.

앙코르와트와 같은 거대 사원은 단순한 종교 시설이 아닙니다. 그렇다고 왕족들의 사치품도 아닙니다. 거대 사원은 경제 성장을 촉진하기 위해서 꼭 필요한 기폭제였습니다. 왕조는 도시 간 교역을 활성화시키기 위해서 왕도를 선과 선으로 연결시키고 경제 파급효과를 증대시켰습니다.

앙코르와트를 시작으로 각지에서 시작된 거대 사원 건설은 성장

수리야바르만 2세　　　　　　　　　　　　　　　**Must Person**

앙코르 왕조 전성기에 앙코르와트를 건설한 왕. 중국 사료 《송사宋史》에 중국 송나라에 사절을 파견했다는 기록이 남아 있다. 동쪽으로는 태국을 지배하에 두고 남쪽으로는 남베트남을 침입해서 수도 비자야를 점령했다.

과 발전을 위한 유인이었고 기능적으로는 경제 유동 시스템이었습니다.

성장의 파급 효과를 꿰뚫어본 부유층은 적극적으로 사원 건설에 투자 또는 기부를 했습니다. 기부를 하면 왕조에서 다양한 상업적 이권이나 토지 개발 및 개간을 허가해줬습니다. 이런 형태로 캄보디아의 투자 경제가 거대한 순환을 이루면서 발전했습니다.

투자는 종교적 일체성 속에서 높은 신용을 바탕으로 계속됐습니다. 투자는 공덕으로 여겨졌기 때문에 투자하는 사람들은 신용을 얻었습니다.

사원 건설에 따른 거액의 투자와 기부는 고용을 낳았고 수리 공사, 저수지 건설, 도로 공사 등을 통해 다양한 인프라가 정비되었습니다. 왕조는 신의 영광과 함께 현세의 번영을 낳았습니다. 앙코르 왕조는 종교를 이용해서 거시경제의 끊이지 않는 순환을 만들어내는 데 성공한 전형적인 사례입니다.

o

돈은 사랑의 핏줄이자 전쟁의 핏줄이다.

- 토마스 풀러(종교학자)

Part 3

근세 :
인간은 어떻게 돈의 노예가 되었는가

11

단일시장과
단일통화의 힘

유럽과 아시아 사이에는 발칸반도와 아나톨리아반도라는 두 개의
반도가 있습니다. 이 두 개의 반도가 둘러싸고 있는 해협이 보스포
루스·다르달네스 해협인데 유럽과 아시아의 경계가 됩니다. 옛날
부터 이 지역은 동서 교역의 요충지로 동로마제국, 즉 비잔틴제국이
지배했습니다.

13세기 초 동서 교역의 이권을 노리는 베네치아와 십자군이 공
모해서 비잔틴제국의 수도 콘스탄티노플을 공격했고 비잔틴제국은
사실상 붕괴합니다. 이후 비잔틴제국은 발칸반도의 세르비아인, 불
가리아인, 그리스인, 루마니아인 등을 하나로 묶을 수가 없었습니
다. 민족이 분단되고 대립이 격화돼서 교류가 끊어졌습니다.

두 세기에 걸친 단절을 타파한 것은 다름 아닌 외부 세력인 오스만제국이었습니다.

오스만제국은 콘스탄티노플을 함락시키고 비잔틴제국을 멸망시킨 뒤 발칸반도의 주인이 되었습니다. 이후 콘스탄티노플을 이스탄불이라고 바꿔서 불렀고 오스만제국의 수도로 삼았습니다.

오스만제국은 아나톨리아반도에서 발생한 아시아계 민족 국가입니다. 오스만제국은 '오스만 튀르크'라고도 표기되어 튀르크계 민족의 국가로 알려지기도 했습니다. 그러나 오스만제국 스스로는 그렇게 칭한 적이 없습니다. 오스만 튀르크는 외부에서 부르는 호칭으로 최근에는 거의 사용하지 않습니다.

오스만제국은 다민족 이슬람 국가로 여러 민족 출신자를 모아 통합 국가를 형성했습니다. 지배자 계급 역시 민족이 다양했습니다.

오스만제국은 다민족 협조주의를 채택해서 다양한 민족을 하나로 묶었습니다.

그 결과 튀르크인, 이라크·아랍인, 이란인, 쿠르드인, 아르메니아인, 몽골인 등이 모였습니다. 발칸반도를 중심으로 이슬람교도 이외의 크리스트교도들에게도 관대한 공존 정책을 펼치고 신앙의 자유를 인정했습니다.

누구나 풍요를 원한다

•

오스만제국은 인재를 등용할 때에도 다민족을 품는 자세를 취해서 폭넓은 지지를 받았습니다. 이슬람교도와 크리스트교도가 역사 속에서 늘 싸웠던 것만은 아닙니다. 오스만제국 아래에서는 오히려 서로 협력하며 공존하고 공영했습니다. 오스만제국은 과거 비잔틴 제국의 지배하에 있던 그리스인 선박 기사를 적극 등용해서 대함대를 편성했습니다. 조선소는 다르달네스 해협의 유럽 연안과 아나톨리아반도의 흑해 연안에 설치했습니다.

강대한 해군을 배경으로 오스만제국은 흑해, 북아프리카 해안의 지중해와 홍해에 이르기까지 제해권을 넓혔습니다. 전성기였던 술탄 술레이만 1세 시대에는 스페인을 몰아내서 지중해 전역의 바다를 장악했습니다.

바르바로사 하이레딘Barbarosa Hayreddin은 오스만 함대를 이끌던 인물이었습니다. 하이레딘은 그리스에서 태어났습니다. 아버지는 아시아계 출신의 오스만제국 무장이었고 이슬람교도였습니다. 어머

바르바로사 하이레딘   **Must Person**

6개 국어를 했던 국제인. 1538년 프레베자 해전에서 스페인과 베네치아 함대를 격파했다. 하이레딘 지배하에는 시난 레이스 Sinan Reis 같은 스페인계 유대인 장교처럼 다양한 국적의 출신자가 있었다.

니는 유럽계 그리스도교도였습니다.

　하이레딘은 오스만제국의 민족 및 종교 융화 정책 속에서 탄생한 전형적인 인물입니다. 해적이었던 하이레딘은 형제들과 함께 튀니지와 알제리 연안의 모든 도시를 공략해 큰 세력을 갖고 있었습니다. 그 후 술레이만 1세의 권유로 오스만제국에 귀순했고 오스만제국 해군의 제독이 되어 스페인과의 해전을 승리로 이끌었습니다.

　하이레딘처럼 다국적인이 오스만제국에서 활약할 수 있는 길이 열려 있었기 때문에 오스만제국은 다민족의 협조로 번영을 이룰 수 있었습니다.

　오스만제국은 유럽과 아시아 문명의 교차점인 발칸반도와 아나톨리아반도에 본거지를 두고 있었습니다. 종교와 민족의 차이를 넘어서 공존과 공영이 가능했던 것은 이 지역의 경제 발전으로 얻어진 막대한 부를 오스만제국이 효과적으로 배분했기 때문입니다.

　이 지역은 고대 로마 때부터 교역의 요충지였습니다. 그러나 중세시대에는 종교와 민족이 분열되어 경제가 잘 발전하지 못했습니다. 대립 속에서 협조를 부르짖은 것이 바로 오스만제국이었습니다

밀레트 **Must Word**

오스만제국은 이슬람교도 이외의 이교도를 밀레트라는 종교 공동체에 넣었다. 그리스 정교도, 아르메니아 교회파, 유대교도 등은 밀레트에서 신앙의 자유를 보장받았다. 그 대신 납세의 의무가 있었고 오스만제국에 대한 충성을 약속해야 했다.

**근세 : 인간은 어떻게
돈의 노예가 되었는가**

다. 오스만제국은 협조하면 부를 얻을 수 있다고 사람들에게 영리하게 알렸습니다. 부의 추구는 민족이나 종교를 넘는 보편 원리라는 것을 오스만제국은 증명했습니다.

부를 공정하게 나누다

•

오스만제국은 수도 이스탄불을 기점으로 육상과 해상 교역 네트워크를 만들었습니다. 거리가 멀어도 교역을 할 수 있는 국제 상업이 형성되었습니다. 아시아에서 유럽으로 향신료, 상아, 곡물, 사탕, 면화, 중국산 견직물이 들어갔고, 유럽에서 아시아로는 총, 철기, 목재, 모직물, 유리 제품, 와인 등이 들어갔습니다. 이스탄불은 유통의 가장 큰 중계 거점이었습니다.

오스만제국은 통일 화폐를 발행하고 유통과 금융 결제를 원활하게 만들었습니다. 또 법에 따라서 각 지역의 시장 규칙을 통일했습니다.

오스만제국은 단일 통화를 발행하고 단일 시장을 만든 덕분에 막대한 경제 이익을 누렸고 일부 주변 지역은 자진해서 오스만제국으로 귀속하거나 단일 시장에 편입했습니다.

오스만제국이 다민족 융화 지배를 중심으로 각각의 민족을 관대하게 대했기 때문에 성공한 것은 아니었습니다. 관대함이라는 도덕

태도는 사실 매우 위험합니다.

현실적인 이해가 반영되는 제도 안에서는 부를 공정하게 분배해야 하지요. 그래야 공권력이 사람들에게 널리 받아들여지고 그 정당성과 실효성을 확보할 수 있습니다.

오스만제국의 통치 구조는 제도를 정밀하게 설계하고 경제 이해를 조정한 끝에 성립한 것입니다. 오스만제국은 현실적인 이해를 조정하면서 반복적으로 타협을 이끌어냈고 쌓여가는 제도와 법리가 잘 운영되도록 시스템을 설계했습니다.

제국이 전성기를 누릴 때에는 경제 성장이 마치 윤활유처럼 이해관계를 조정해주지만 경제가 정체해서 부가 제대로 분배되지 않으면 아무리 뛰어난 제도와 법리도 제 기능을 할 수 없습니다. 경제가 정체되면 민족이나 종교의 차이와 마찰이 표면으로 드러납니다.

12

신이 허락한 욕망의 시작, 소버린

르네상스Renaissance는 영어로 리뉴얼 Renewal, 즉 재생과 갱신이라는 의미입니다. 르네상스는 14세기에 시작해서 16세기까지 이어졌고 이탈리아를 중심으로 서유럽 전역으로 퍼졌습니다. 르네상스는 중세의 신 중심 세계관에서 탈피하고 인간성의 자유와 해방을 지향했습니다. 휴머니즘(인문주의, 인간중심주의)에 기초하고 그리스와 로마의 고전 문화를 모범으로 해서 인간 존재를 재생하려고 했습니다.

12~13세기에 십자군 원정이 본격적으로 일어났고 동방 이슬람권과 접촉하면서 지중해 무역이 생겨났습니다. 이탈리아는 서유럽에서 동방으로 가는 현관문이었습니다. 지중해를 중심으로 자리한 이탈리아 도시에서 경제가 발달하고 문화적 기반이 단단해졌고 이

엄청난 경제적 번영을 배경으로 르네상스가 시작됐습니다.

이탈리아는 고대 로마의 전통도 갖고 있었습니다. 따라서 중세의 가치 기준을 대체할 고대 문화유산에 근거를 두고 새로운 문화를 양성할 수 있었습니다. 르네상스시대에 이탈리아는 북이탈리아의 도시 공화국과 중부의 로마 교황령, 그리고 남부의 나폴리 왕국으로 분열되어 있었습니다. 북이탈리아의 중심 도시는 피렌체였습니다. 피렌체는 동방 및 지중해와의 무역과 모직물 생산과 금융업으로 번영했습니다. 15세기에 금융 재벌인 메디치가가 피렌체 정치를 장악했는데 1453년 비잔틴제국이 멸망하고 그리스의 고전 학자들이 이탈리아로 많이 망명하자 메디치가가 그들을 보호했습니다.

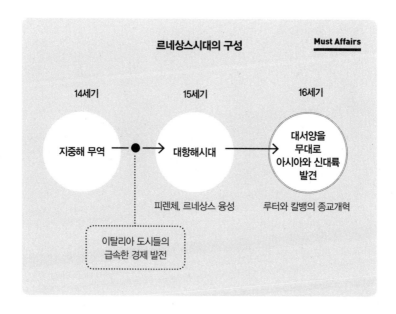

메디치가의 코시모 데메디치Cosimo de' Medici는 피렌체에 플라톤 아카데미를 개설했고 그의 손자인 로렌스 데메디치Lawrence de' Medici는 전제 정치를 하면서 보티첼리와 미켈란젤로 등 많은 예술가를 보호하고 육성했습니다. 그 외에도 레오나르도 다빈치, 라파엘로 등 세계적으로 유명한 예술가들이 이탈리아 피렌체를 중심으로 활약했습니다.

인간의 욕망이
중심이 되다
•

르네상스에서의 휴머니즘은 중세의 신 중심 세계관을 인간 중심 세계관으로 바꾸려고 했습니다.

이런 운동을 가장 강력하게 추진한 사람이 네덜란드 사상가 데시데리우스 에라스무스Desiderius Erasmus 였습니다. 에라스무스는 대표작 《우신예찬Encomium Moriae》에서 우신 모리아에게 말하는 형태로 당시 성직자와 귀족의 봉건 체질, 그리고 부패한 가톨릭 체제를 풍자했습니다.

우신 모리아는 성직자 같은 권위자들을 나무랍니다. 또 모리아는 인간이 어리석으면 행복하다고 말합니다. 모리아는 진리를 잊고 허영으로 살아가는 인간의 삶을 비웃으면서 회개할 수 없는 인간의 욕망이 얼마나 깊은지를 설명합니다.

에라스무스는 과거를 회개하고 진리를 얻고자 하는 인간의 주체적 행동과 노력을 자유의지라고 불렀습니다. 또 중세 신학과 가톨릭 체제가 인간을 신의 노예로 만들었고 자유의지가 없는 추락한 존재로 깎아내렸다고 주장했습니다. 그리고 인간의 자유의지를 회복하는 인간 부흥을 주창했습니다.

중세 이후 가톨릭교회는 성서의 천지창조설에 기초해서 모든 천체가 지구를 중심으로 돌고 있다는 천동설을 주장했습니다.

한편 16세기 전반기에 폴란드의 코페르니쿠스는 천제 관측에 기초한 지동설을 주장했습니다. 이탈리아의 조르다노 브루노Giordano Bruno 역시 지동설을 주장했습니다. 브레노는 1600년에 가톨릭교회에 의해 화형당합니다.

갈릴레오 갈릴레이와 케플러도 새로운 천체학을 논거로 지동설을 실증했습니다.

지동설을 주장한 학자들의 노력으로 신이라는 중심축은 사라졌습니다. 지구는 태양 주위를 도는 하나의 행성에 지나지 않고 대우

데시데리우스 에라스무스　　　　　　　　　**Must Person**

가톨릭교회를 강하게 비판했고 루터의 종교개혁에 영향을 줬다. 그러나 루터처럼 가톨릭 교회 체제 그 자체를 전면 부정하지는 않았다. 가톨릭 체제가 부패했지만 가톨릭은 여전히 정신적인 지주여야 한다고 생각했다.

주의 일부분이라는 우주관이 받아들여졌습니다. 과학의 진리가 가톨릭적 세계관을 뒤집었기 때문에 가톨릭의 권위는 크게 추락했습니다.

중국 송나라에서 발명된 나침반이 이슬람 상인들에 의해서 유럽에 전해졌고 14세기 이탈리아에서 개량됐습니다. 나침반으로 원양 항해가 가능해졌고 15세기 말 대항해시대가 시작됐습니다. 교역 무대가 지중해에서 대서양으로 바뀌었고 신대륙과 아프리카와 인도에 도달한 유럽인들은 미지의 세계에 눈을 떴습니다.

신이 인간에게
권한을 위양하다
·

르네상스부터 대항해시대까지 새로운 가치들이 발견되면서 기존 크리스트교 사회의 공통 사상이 흔들리기 시작했습니다.

사회의 목적은 종교가 아니라 현세의 시점으로 해석됐고 교회 세력이 경제, 상업, 군사, 정치, 복지 등의 세속적인 제반 현상에 대해서 갖고 있던 지배권의 정당성이 사라졌습니다. 결국 교회 세력은 국가와 관료 제도에 길을 양보하지 않을 수 없었습니다.

이제부터는 종교적인 지배권과 세속적인 지배권이 명확하게 구분됩니다. 신이 현세 사회에 지침을 주지 않게 되면서 인간이 모든 일을 결정해야 했습니다.

국가 권력은 현세를 통치하는 기관으로서 다양한 고찰, 해석, 합의를 이끌어냈고 주권sovereign, 즉 소버린이라는 개념을 만들어냈습니다.

주권의 어원은 라틴어 superanus이고 super은 지상至上, 즉 '가장 높은 위'를 의미합니다. 이 단어가 고대 프랑스어 soverain으로 바뀌어서 영어의 sovereign이 됐습니다. 따라서 주권은 본래 지상이라는 의미를 갖고 있습니다. 이것은 물론 신을 뜻합니다. 중세 이후 신이 갖고 있던 지상권이 현세로 내려왔을 때 지상권은 인간의 통치권으로서 새로운 세속적인 의미를 갖게 됩니다.

신이 인간에게 양도한 지상권은 주권입니다.

주권을 가장 잘 표현한 것이 르네상스 말기의 왕권신수설입니다. 왕권신수설은 신이 지상권을 어떤 인간에게 구체적으로 양도를 했는가를 이야기합니다. 결국 그 사람이 왕이라는 내용입니다.

르네상스시대에는 세계관이 신 중심에서 인간 중심으로 전환됐습니다. 또 과학이 발전하면서 신의 절대성이 붕괴됐고 그 대신에 왕이 신의 대리인으로서 현실을 통치할 수 있는 정당성을 부여받았습니다. 왕의 권력은 신이 주신 절대적인 것이라는 생각이 왕권신수설로 나타난 것입니다.

"짐은 곧 국가이다"라고 말한 루이 14세처럼 군주들은 왕권신수설에 기초한 절대 권력을 가졌습니다. 법과 제도를 만들 권리와 행정 기능을 일차원적으로 장악했습니다. 세속의 통치 지침을 종교 계시로부터 독립시키고 현세를 지배했습니다.

"짐은 곧 국가이다"라는 말은 왕권과 국가가 하나라는 것이고 실체가 있는 왕권이 신이라는 추상물을 대신해서 이 세상에 나타났다는 의지를 선언한 것입니다.

이렇게 해서 17세기 이후의 근세에서 이른바 절대주의라고 불리는, 국왕 권력을 중심으로 한 왕권 국가가 탄생합니다.

국채로서의 소버린

·

소버린은 과거 지상권이라는 종교적 의미를 가졌지만 이 시대에 와서는 가장 세속적인 의미로 바뀝니다.

금융 세계에서 소버린은 국채를 뜻합니다.

주권이 있는 국가는 자국의 통화를 발행할 수 있고 동시에 정부의 채무를 짊어진 사람들에게 채권을 발행할 수 있습니다.

주권 국가가 그 빚을 갚겠다는 의무를 보증하는 약속 수표가 바로 국채, 즉 소버린입니다. 국채는 국가의 주권이 직접 반영된 문서이고 국가의 주권이 사람들의 신용을 얻음에 따라서 화폐를 대체할 수 있는 것으로 인식되었습니다.

국채를 발행하고 국가 재정을 조절하는 권한은 국가가 주권(소버린)을 가진 증거이기도 하고 그 주권에 의해서 보증된 채권이 또 국채(소버린)입니다. 국채를 소버린이라고 부르는 것은 주권 국가가 통화 창출을 조정할 수 있다는 것을 의미합니다. 국가는 금리, 인플레율, 경상 수지 등의 경제 현상 전반을 지배 및 장악할 수 있고 또 그렇게 해야 하는 상징성이 있습니다.

국채 상환이 지연되어 채무를 이행하지 못하면 디폴트, 즉 재정 파탄이 온 것입니다. 디폴트는 재정 파탄뿐만 아니라 국가 주권의 파탄도 의미합니다. 이처럼 국채와 주권은 국가의 정체성으로서 강하게 연결되어 있습니다.

또 소버린이 종교적으로 가장 높은 곳이라는 의미에서 나온 단어라는 것을 생각해보면 소버린은 신이 인간에게 위양한 현세의 정치와 경제에 대한 결정권입니다. 소버린은 지금도 엄숙한 의미를 가지고 있습니다. 재정의 규율을 지키고 국채(소버린)의 가치를 지키는 것은 국가의 주권(소버린)을 지키는 일이고 신이라는 가장 높은 곳에 어울리는 일이기도 합니다.

13

넘치는 돈이 불러온
종교개혁

중세시대 가톨릭은 사람들은 모두 죄를 지으므로 그 죄에 합당한 보상을 해야 한다고 가르쳤습니다. 또 교회에 돈을 내면 죄를 용서받을 수 있다고 하면서 면죄부를 발행했습니다.

면죄부는 원래 이슬람으로부터 성지를 탈환하기 위해서 십자군에 종사했던 사람들에게 주어진 것이었습니다. 또 종군할 수 없었던 사람들이 교회에 돈을 내면 면죄부를 받았습니다. 그 뒤 교회는 공공사업을 위한 자금을 조달할 목적으로 여러 번 면죄부를 판매했습니다.

로마 시내에는 교황이 살고 있는 바티칸이 있고 바티칸에는 가톨릭의 총본산인 성 베드로 대성당이 있습니다. 16세기에 성 베드로 대성당을 대규모로 지었는데 늘 돈이 부족했기 때문에 교황은 면죄부를 판매하기 시작했습니다.

면죄부의 판매 가격을 현재 가치로 바꾸면 10만 원에서 500만 원까지 다양합니다. 살인은 500만 원, 사기는 300만 원, 강도는 200만 원이라는 가격이 붙어 있습니다. 성직자들은 이런 설교를 하면서 면죄부를 팔았습니다. "헌금이 상자 속에서 찰랑 하고 소리를 내는 순간 죽은 자의 영혼은 지옥 불에서 뛰어나온다."

면죄부는 어느 정도 팔렸을까요?

매출이 어느 정도인지 기록은 남아 있지 않지만 그렇게 많이 팔리지는 않았다고 합니다.

사람들은 면죄부를 미심쩍어했지요. 그렇지만 예외적으로 독일에서는 잘 팔렸습니다. 독일인의 신앙심이 특별히 깊어서는 아니었고 그 뒤에는 어떤 정치적이 배경이 있었습니다.

면죄부가 독일에서만
잘 팔린 이유

•

16세기 독일은 하나의 통일 국가를 이루지 못하고 제후들이 각 지역을 나눠 갖고 뿔뿔이 흩어져 있었습니다. 그중 알브레히트 본 브란덴부르크Albrecht von Brandenburg는 유력한 제후 가운데 한 사람이었습니다. 그는 독일 교회에서 영향력이 가장 큰 마인츠 대주교 자리를 노렸습니다.

알브레히트 일족은 호엔촐레른 귀족으로 독일 동북부 영주였습니다. 호엔촐레른은 나중에 프로이센 왕국을 세우고 독일 통일을 이끕니다. 이들은 독일 동북부에서 조직적으로 진행된 개간 덕분에 농산품을 수출해서 큰 이익을 얻었습니다.

알브레히트가 마인츠 대주교의 자리를 얻기 위해서는 로마 교황의 후원이 필요했습니다. 알브레히트는 교황에게 큰 금액의 헌금을 하기 위해서 당시 독일 금융 재벌 가문이었던 푸커가에게 융자를 의뢰했습니다. 그렇지만 금액이 부족했기 때문에 푸커가는 교황이 팔고 있던 면죄부에 눈을 돌렸습니다.

푸커가는 알브레히트에게 독일에서 독점권을 갖고 면죄부를 판매하게 했습니다. 알브레히트의 호엔촐레른 가문은 독일에서 막강한 힘을 갖고 있었기 때문에 그들이 판매를 하는 면죄부에는 엄청나게 큰 정치적 프리미엄이 붙었습니다.

면죄부를 천만 원어치 산 사람보다 1억 원어치 산 사람이 호엔촐

알브레히트 폰 브란덴부르크　　　　　　　**Must Person**

독일의 유명 명문가 호엔촐레른 가문에서 태어났다. 브란덴부르크 선제후의 뒤를 이은 형 요하임의 지원을 받아 고위 성직자의 길을 걷기 시작했다. 마그데부르크 대주교와 마인츠 대주교를 겸임했고 1518년 추기경에 올라 가톨릭교회를 지배했다.

레른에 대한 공헌도가 높았고 호엔촐레른 가문의 힘을 얻어 정치적 발언권을 강화할 수 있었습니다. 거액의 면죄부를 구입한 사람은 요직을 얻거나 농지를 받을 수 있었습니다.

이렇게 해서 사람들은 앞 다투어 면죄부를 사기 시작했습니다.

당시 유럽에서는 화폐 경제가 들어서고 경기가 좋아지고 돈이 남아도는 현상이 이어졌습니다. 독일도 예외가 아니었습니다. 적당한 투자처를 찾지 못한 돈이 정치적인 힘에 따라서 헌금으로 흘러갔습니다. 헌금을 매개로 한 일종의 돈세탁의 양상으로 진행됐지요.

투기 광란을
비판한 루터

•

여러 제후들이 땅을 나눠서 차지하고 있었던 독일에서는 다른 제후들을 제압하기 위해서 교황의 권위가 필요했습니다. 알브레히트는 면죄부 판매로 거액의 자금을 얻어 교황에게 헌금했습니다. 교황도 알브레히트를 마인츠 대주교 자리에 취임시켜주는 것으로 보답했습니다.

힘이 커진 알브레히트와 호엔촐레른 사람들은 승리마에 올랐고 많은 사람들이 알브레히트가 파는 면죄부를 사들였습니다.

당시 유럽에서는 인플레가 일어났는데도 채권 금리가 내려가고 돈이 남는 현상이 발생했습니다. 화폐 가치가 하락하는 와중에 부유층은 현금 보유의 위험을 느끼고 괜찮은 투자처를 찾기 시작했습니다. 토지 부동산은 이미 다 사들였고 그 투자만으로는 자금을 다 흡수할 수 없었기 때문에 가장 유리한 투자로 선택한 것이 면죄부 구입을 통한 정치 헌금이었습니다.

면죄부를 둘러싼 머니 게임의 광란을 정면에서 비판한 사람이 바로 마틴 루터 **Martin Luther** 입니다. 루터는 성 아우구스티노 수도회에서 수련을 한 비텐베르크대학교 교수였습니다.

루터는 1517년 〈95개조 반박문〉이라는 의견서를 대학교 성당 문에 붙이고 신앙의 문제를 물었습니다. 그 후 루터의 발언은 과격해졌고 1519년 라이프치히 논쟁으로 교황의 권위를 부정하기에 이릅니다.

루터를 지지하는 사람들이 급증했고 그 사람들은 로마 가톨릭에 항의 **protest** 했다고 해서 '프로테스탄트'라고 불렸습니다. 그 이후 로마 가톨릭을 구교, 프로테스탄트를 신교라고 부르게 되었습니다.

기득권을 갖고 있지 않은 사람들이 함께 힘을 모아 프로테스탄트 세력을 키웠고 교황을 중심으로 기득권을 형성했던 독일 유력자들에게 반발했습니다. 프로테스탄트는 교황을 비롯한 로마 가톨릭의 부패로 인해서 생겨난 것임으로 가톨릭 입장에서 보면 자업자득이라고 할 수 있지요. 프로테스탄트는 가톨릭의 지배에서 벗어나서 기독교의 새로운 시대를 개척하려고 했습니다.

이때 프로테스탄트가 일으킨 쇄신 운동을 종교개혁이라고 합니다.

인플레 시대의
덤핑 경쟁

•

종교개혁은 신앙심을 관철하려는 종교적인 정의감만으로 추진된 것이 아닙니다. 종교개혁에는 불순한 동기가 섞여 있습니다.

중세 이후 가톨릭교회 세력은 독일 제후들의 영토 안에서 토지를 보유하고 독립권을 유지하고 있었습니다. 그러나 독일 제후들은 교회의 그 광대한 토지에 손을 댈 수가 없었습니다. 제후의 영토 안에 제후가 제어할 수 없는 교회 지배권이 있었기 때문에 이해관계가 충돌했고 독일 제후와 가톨릭교회는 격렬하게 대립했습니다.

예를 들어 세금 징수에 관해서 제후와 교회는 반복적으로 값을 낮추는 덤핑 경쟁을 했습니다. 토지 주인이 세금이 싼 쪽으로 들어가려는 것을 이용해 세금을 내리는 경쟁을 벌인 것입니다.

당시 유럽은 경제 발전에 따른 극심한 인플레에 직면했습니다. 대항해시대가 본격화되고 신대륙에서 들여온 은이 대량으로 유통되어 은화 가치가 크게 하락했습니다. 제후와 교회는 토지 주인에

마틴 루터　　　　　　　　　　　　　　　　　　**Must Person**

루터의 〈95개조 반박문〉은 당시 막 발명된 인쇄술에 의해서 대량의 팸플릿으로 인쇄되어 온 유럽을 돌아다녔고 종교개혁 운동의 발단이 됐다. 작센 선제후의 보호를 받으며 성서를 독일어로 번역해서 현대 독일어의 기초를 마련했다.

게 세금 인상폭이 적다는 것을 알리면서 토지를 둘러싼 소모전을 전개했습니다.

이런 상황에서 루터가 로마 가톨릭을 비판했기 때문에 제후들은 루터를 이용했습니다. 제후들도 교회의 부패를 이야기하면서 교회 세력을 비판하기 시작한 것입니다. 금권만능이라고 비판받은 로마 가톨릭도, 그것을 비판한 프로테스탄트 제후들도 결국은 돈 문제로 괴로워하고 있었습니다. 둘 다 종교와 신앙이라는 본래의 목적과는 떨어진 이권 투쟁에 광분해 있었다고 볼 수 있습니다.

종교는 돈과 이권과 같은 현실적 이해를 최우선으로 합니다. 종교는 이런 특징을 필연적으로 갖습니다. 그 특질을 노골적으로 드러내든가 드러내지 않던가 하는 차이는 있지만 그 특징 자체는 같습니다.

루터파 제후들은 교회를 비판했고 이는 큰 전쟁으로 발전했습니다. 앞에서 이야기한 알브레히트는 로마 가톨릭과 유착했기 때문에 교회 비판에 반대했습니다. 그 외에도 교화와 유착해서 세력을 유지하던 제후들이 적지 않았습니다. 그리고 무엇보다도 황제가 적극적으로 움직이면서 사태는 심각해졌습니다.

당시 황제는 합스부르크가의 카를 5세였습니다.

황제와 가톨릭교회의 유착

·

중세 이후 독일은 신성로마제국이라고 불립니다. 9세기에 서로마제 국을 부활시킨 카를대제의 자손인 독일 국왕이 대제의 의지를 이어 서로마제국을 부활시킨다는 의미에서 독일 왕국을 신성로마제국이 라고 부른 것입니다.

그러나 카를대제 시대의 판도를 전부 손안에 넣으려는 시도는 이 탈리아 로마에게조차 항복을 받아내지 못하면서 결국 독일만을 지 배하는 왕국에 지나지 않게 됐습니다. 신성로마제국이라고 말하면 서도 로마조차 손에 넣지 못한 것입니다.

그 후 독일에서는 지방마다 제후가 나타나서 뿔뿔이 흩어져 있었 습니다. 신성로마제국 황제는 명목상 독일을 총괄하는 사람이었지 만 실제로는 장식에 지나지 않았습니다.

합스부르크가는 10세기경 라인강과 도나우강이 만나는 지역을 영토로 삼았습니다. 그 지역의 수로로 교역을 활발하게 해서 부를 축적했습니다. 13세기에는 오스트리아 빈을 본거지로해서 독일 남 부 영역까지 영토를 확대했습니다.

합스부르크가는 신성로마황제에 대한 야심이 있었기 때문에 풍 부한 재력으로 독일 제후들을 회유했습니다. 결국 황제를 배출하기 시작했고 15세기 합스부르크가의 제위 세습이 인정되면서 16세기 에는 카를 5세가 합스부르크 전성기의 황제로서 독일에 강한 영향력을 행사했습니다.

카를 5세는 독일의 통일을 목표로 지방 제후들과 대립했습니다. 독일 가톨릭교회와 유착해서 제후들에게 압력을 가했고 가톨릭교회도 카를 5세와 연계해서 제후들과 더 강하게 대립했습니다.

루터와 가톨릭의
재산 싸움

•

이렇게 해서 독일에서 카를 5세와 루터파 제후들의 전면 전쟁인 슈말칼덴 전쟁이 1646년에 일어납니다.

가톨릭교회와 대립하던 독일 제후들은 프로테스탄트 신앙의 이념을 내걸고 가톨릭교회의 부패를 바로잡는다는 종교적 사명감을 교묘하게 연출했습니다. 카를 5세는 제후들의 거센 저항으로 패퇴했습니다.

1555년 카를 5세와 독일 제후들은 아우구스부르크 화의를 맺었

카를 5세 Must Person

신성로마제국 황제로 스페인 왕을 겸했고 카를로스 1세라고도 한다. 숙적인 프랑스의 프랑수아 1세와 이탈리아 전쟁을 했고 동방에서는 오스만제국의 술레이만 1세와 싸우면서 독일을 통일하려고 했지만 실패했다.

습니다. 화의라고는 하지만 카를 5세와 가톨릭교회의 패배를 인정하는 내용이었습니다.

화의 공문 중에는 연방 교회 체제를 승인하는 문장이 있습니다. 이것은 루터파 제후의 영토 안에서 가톨릭교회의 운영을 금지하는 내용이었고 사실상 루터파 제후들이 가톨릭교회의 영토와 재산을 몰수할 수 있다는 것을 의미했습니다.

이렇게 해서 가톨릭교회를 추방했고 독일에서는 프로테스탄트가 주류가 됐습니다. 당사자들은 신앙의 승리라고 미화했지만 실제

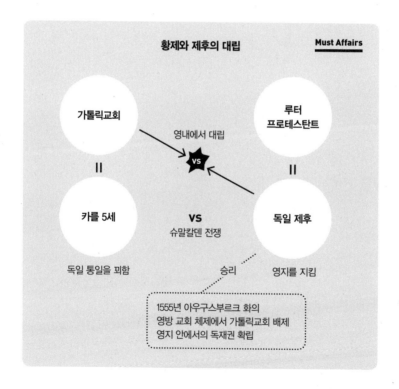

황제와 제후의 대립

가톨릭교회

루터
프로테스탄트

영내에서 대립

VS

=

=

카를 5세

VS
슈말칼덴 전쟁

독일 제후

독일 통일을 꾀함

승리

영지를 지킴

1555년 아우구스부르크 화의
영방 교회 체제에서 가톨릭교회 배제
영지 안에서의 독재권 확립

로는 추악한 영토 쟁탈전이었고 교회와의 덤핑 경쟁에서 패배했던 제후들이 전쟁에서 승리를 거둔 것이었습니다.

본인들의 영지 내에서 독재권을 얻은 독일 제후들이 지방 행정을 장악해가는 한편 독일 통일을 꾀한 황제의 권력은 약화됐습니다. 독일은 뿔뿔이 흩어진 상태로 300년 이상 지냈고 이웃 프랑스와는 달리 중앙집권화가 크게 늦어졌습니다.

자신들의 이익을 지키려는 제후들이 루터의 종교개혁 운동을 보수 저항 운동에 이용했습니다.

그 가운데 카를 5세가 독일을 통일하려 했던 야심은 루터라는 정의감에 불탄 사람에 의해서 좌절되었다고 말할 수 있지요.

14

경영자 칼뱅과
자본주의의 발달

루터에 의해서 시작된 프로테스탄트는 가톨릭과 비교했을 때 어디가 다를까요? 가톨릭은 신의 가르침을 교회가 가르쳐줍니다. 프로테스탄트는 신의 가르침을 성서에서 얻습니다. 교회가 중요한가? 성서가 중요한가? 이 점이 가톨릭과 프로테스탄트의 결정적인 차이입니다.

루터는 성서에 의해서만 신앙을 얻을 수 있기 때문에 신앙을 매개하는 교회와 성직자가 필요하지 않다고 주장했습니다. 루터가 이런 주장을 한 배경에는 인쇄술이라는 새로운 기술이 있었습니다.

인쇄술이 발명되기 이전에 성서는 손으로 베껴 써야 해서 아주 비쌌고 일반 대중은 성서를 손에 넣을 수 없었습니다. 인쇄술은 11

세기 중국에서 교니 활자(찰기 있는 점토인 교니를 이용해 활자를 만든 뒤 불에 구위 활자판을 배열한 것-옮긴이)와 교니 인쇄에서 시작됐습니다. 15세기 유럽에서 와서 독일의 금속 가공 직인인 구텐베르크가 금속 인쇄를 실용화하면서 대량 인쇄가 가능해졌습니다. 구텐베르크는 활판 인쇄기를 개발했고 활자 합금, 유성 잉크, 제본 프레스를 사용해서 서적을 대량 생산했습니다.

구텐베르크의 인쇄술로 주로 성서가 인쇄되었습니다. 일반 대중은 손에 넣지 못했던 성서를 얻을 수 있게 됐고 루터는 성서에 따라 신앙을 주장할 수 있게 되었습니다.

또 루터는 그리스어와 라틴어로 된 성서를 독일어로 번역했습니다. 그래서 일반 독일 사람들이 성서를 읽을 수 있게 되었고 한 집에 한 권 씩 성서가 생기면서 신의 말에 직접 닿게 됐습니다.

그때까지 신의 말은 성직자들이 수고스럽게 설교를 해야만 대중에게 도달될 수 있었습니다. 그러나 인쇄술이라는 기술 혁신으로 전도자 역할을 한 성직자들의 이른바 중개 미디어 역할이 불필요해졌고 중간에서 빠지게 됐습니다.

그리고 신과 민중이 직접 연결됐습니다. 성서를 바탕으로 한 루터의 신앙은 새로운 시대에 맞는 새로운 신앙 스타일로서 한 세상을 풍미했습니다.

칼뱅의 기득권 타도

•

루터의 성서중심주의 사상과 그 운동으로 프로테스탄트가 늘어났습니다. 루터는 유럽 각지의 개혁자들에게도 영향을 줬습니다.

개혁자 칼뱅 Jean Calvin 이 있던 프랑스에서는 가톨릭 신앙이 강해서 잘 받아들여지지 않았지만, 스위스에서는 루터의 영향으로 종교개혁이 한창인 도시가 몇 개나 생겼고 그중에서도 제네바는 칼뱅을 초청해서 종교개혁을 이끌게 했습니다.

칼뱅은 루터의 사상을 더욱 발전시키면서 철저하게 교회를 개혁했고 기존의 정치권을 위협했습니다. 때문에 칼뱅은 제네바에서 추방됐지만 1541년 개혁파들이 다시 칼뱅을 제네바로 불렀고 결국 칼뱅은 봉건제 영주를 추방하고 정치권을 장악하게 됩니다.

칼뱅은 제네바의 시정을 장악하고 종교와 정치가 하나가 된 신권정치를 펼쳤습니다. 그렇게 금욕적인 프로테스탄트 교리가 자리를 잡습니다. 시민의 일상생활에서 사치와 오락이 제외됐고 제네바 거리에서 화려한 의복이나 고가의 기호품은 자취를 감췄습니다.

향락적인 언동이나 오락도 엄격하게 규제됐습니다. 부정부패를 적발했고 거리의 치안도 개선시켰습니다. 재정은 규율로 다스렸고 복지 및 의료 예산을 늘려 실업과 빈곤도 박멸했습니다. 칼뱅의 개혁은 절대적인 지지를 받았습니다.

이전에 제네바의 로마 가톨릭 세력은 봉건 영주와 결탁해서 금권

정치를 하고 일반 시민들을 착취하고 괴롭혔습니다. 그러나 신앙심이 두터웠던 시민들은 교회를 거스를 수가 없었습니다.

그런데 칼뱅이라는 카리스마 있는 이방인이 나타나서 신앙을 지키면서도 부패를 척결하는 구체적인 방법론을 알려주고 정당성을 설명했습니다. 프로테스탄트라는 새로운 신앙의 틀 속에서 신을 따르면서도 이상적인 사회를 건설할 수 있다는 칼뱅의 주장이 사람들을 각성시켰습니다.

결국 칼뱅의 탄생은 일반 대중이 기득권 계층을 뒤집은 쿠데타였습니다. 당시 일부 시민은 경제가 성장하면서 부를 얻고 힘을 키웠지만 기득권층의 시장 독점으로 더 큰 성장의 기회를 빼앗겼습니다. 그런 독점을 파타할 정당성을 프로테스탄트라는 새로운 신앙이 보증해준 것입니다.

장 칼뱅 Must Person

프랑스에서 가톨릭 신학을 연구하다가 24세에 종교개혁의 영향을 받은 뒤 개혁 운동가로 방향을 바꿨다. 32세에 제네바에 초빙될 때까지 각지에서 쫓기고 도망 다니는 나날을 보냈다.

신께서 부와
이익 추구를 바라신다

•

독일에서도 루터파 프로테스탄트가 늘어났습니다. 독일 제후들이 프로테스탄트를 보호했고 교회 운영을 지휘했습니다. 그러나 세속 영주들은 종교인이 아니었기 때문에 자신들에게 유리하게 교회의 운영 방침을 왜곡하는 경우도 있었습니다. 루터 자신이 프로테스탄트 교회를 통솔한 것도 아니었기에 루터의 주장은 교의로서 이념적인 것에 머물렀습니다.

한편 칼뱅의 프로테스탄트 개혁에는 실행권이 있었고 사람들은 그 정치적인 통제 아래에서 사상과 교리를 실천했습니다.

루터는 저서 《그리스도인도의 자유 Von der Freiheit eines Christenmenschen》에서 개인의 신앙을 중시했고 교회 등의 조직보다 신을 향한 개인의 내면이 얼마나 중요한지를 설명했습니다. 루터는 대학 교수로서, 수도사로서 어느 정도는 순수하게 이념적이었습니다.

그에 비해서 칼뱅은 제네바에서 신권정치를 한 지배자로서 조직이나 집단이 나아갈 바를 중요하게 여기고 이를 지도했습니다. 칼뱅은 거대한 칼뱅 교단을 이끈 경영자였습니다.

칼뱅의 프로테스탄트 교단은 온 유럽으로 퍼졌고 조직을 운영하는 데에는 거액의 자금이 필요했습니다. 제네바 시정의 세수만으로는 부족했기 때문에 칼뱅은 다시 세력을 키우고 있던 부르주아 계급에게 눈을 돌렸습니다. 상공업에 종사하는 부르주아 시민들은 경제 발전으로 막대한 이익을 낳았고 큰 힘을 갖기 시작했습니다.

칼뱅은 부르주아 상공업자들을 위해서 종래의 기독교 교리와는 다른 새로운 교리를 만들었습니다. 기존 교리에서는 돈을 모으고 이익을 추구하는 것이 천박하다고 여겨졌습니다. 그런 생각에 대해서 칼뱅은 모든 직업은 신에게 부여받은 것이고 거기에 정진함으로써 얻는 이익은 신에게서 받은 은혜라고 했습니다. 이익 추구를 인정한 것입니다.

칼뱅은 '영리 추구 및 재산 축적의 인정'을 주창하고 부르주아 자본주의를 종교 입장에서 옹호했습니다. 근대 자본주의가 발전하면서 은행가와 상공업자 역시 부와 이윤 추구를 긍정하는 교리 해석이 필요해졌습니다. 칼뱅은 여기에 응했고 부르주아의 지지를 얻었습니다.

자본주의는
신에게서 받은 선물

•

막스 베버 Max Weber 라는 20세기 독일 사상가가 있습니다. 베버의 대표작은 《프로테스탄티즘의 윤리와 자본주의 정신 Die Protestantische Ethik und der Geist des Kapitalismus》입니다.

기존 크리스트교에서는 부를 쌓고 재산을 관리하는 것을 세속적인 것으로 보고 기피했습니다. 돈을 다루는 상인 등을 멸시하는 사고방식이었습니다.

종교개혁을 이끈 루터와 칼뱅은 모든 직업이 존경받을 만하다는 직업 소명을 주창했습니다. 독일어로 직업을 뜻하는 '베루프Beruf'는 '부른다'라는 의미를 갖고 있습니다. 신이 인간에게 사명을 주는 것이 바로 소명이고 그 소명으로 각자에게 합당한 직업이 주어진다는 사고방식입니다.

이 베루프라는 단어를 루터가 의도적으로 사용했다고 베버는 서술합니다.

일상의 직업 노동에 전념하는 것이 프로테스탄트에게는 종교적인 의무를 다하는 것이고 일을 해서 얻는 보수는 신의 은혜였습니다. 근로와 절약으로 쌓은 돈이 자본이 되고 이를 기반으로 근대 자본주의가 발전해나갔다고 베버는 주장합니다.

칼뱅 이후 기존에 기피했던, 이자를 취득하는 은행업이 공기업으로 인정받았고 근대적인 금융 자본이 발전했습니다.

베버는 칼뱅이 영리 추구와 재산 축적을 인정한 것이 자본주의 정신의 기반이 되었고 유럽의 근대화를 지탱했고 또 자본주의 사회가 발전하는 원리가 됐다고 이야기합니다.

사람들은 일반적으로 자본주의가 노동을 종교에서 분리시키고 경제 활동을 종교적 모든 구속에서 해방시켰다고 생각합니다.

**근세 : 인간은 어떻게
돈의 노예가 되었는가**

그러나 베버는 신에게 부여받은 소명과 그 소명이 낳은 재물이 대규모 자본을 낳았다고 말합니다. 종교에서 분리된 합리주의로 자본주의가 형성된 것이 아니라는 주장입니다.

프로테스탄트가 자본주의를 낳았다는 베버의 생각은 20세기에 큰 영향력을 끼쳤습니다. 그러나 20세기 후반 이후 베버를 비판하는 학자들이 나타났습니다. 다음 장에서는 이런 비판을 살펴보면서 종교와 자본주의의 역사를 이야기하겠습니다.

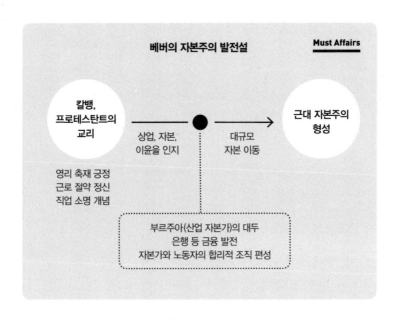

베버의 자본주의 발전설

Must Affairs

칼뱅,
프로테스탄트의
교리

영리 축재 긍정
근로 절약 정신
직업 소명 개념

상업, 자본,
이윤을 인지

대규모
자본 이동

근대 자본주의
형성

부르주아(산업 자본가)의 대두
은행 등 금융 발전
자본가와 노동자의 합리적 조직 편성

15

크리스트교와
자본주의의 융성

《프로테스탄티즘의 자본주의 정신》에서 이야기하는 것처럼 프로테스탄트는 자본주의 경제 발전에 엄청난 영향을 끼쳤을까요? 칼뱅이 주창했던 직업 소명, 근로 및 절약 정신, 영리 추구 및 재산 축적의 인정이 근대 자본주의를 직접적으로 탄생시킨 방아쇠였다고 말할 수 있을까요?

상식적으로 생각할 때 베버의 논의는 결과를 억지로 끼워 맞추는 것 같다는 생각이 듭니다.

사업을 일으키고 부를 얻으려는 욕구는 동서고금을 막론하고 어떤 인간이든 갖고 있는 것입니다. 루터와 칼뱅이 종교개혁을 일으키기 이전부터 상업 활동은 있었고 그에 따라오는 자본의 움직임도 있었습니다.

프로테스탄트의 미덕이라고 알려진 근로 및 절약 정신은 역시 세계 어디에서나 미덕으로 간주되는 것입니다. 가톨릭 수도회 베네딕트파와 프란치스코파는 중세 이래로 쭉 근로와 절약의 미덕을 이야기했습니다. 물론 근로와 절약 정신이 경제 발전에 어느 정도의 역할을 했는지는 객관적으로 측정할 수 없습니다.

또 성공이 신의 은혜라는 것도 프로테스탄트의 독자적인 생각이 아닙니다. 보통 사람도 어떤 은혜를 입었을 때 그것을 신이 주신 것으로 생각했습니다.

이자에 대해서도 가톨릭은 프로테스탄트 이상으로 관대했습니다. 가톨릭도 프로테스탄트도 성서에 이자 징수를 금지하는 문구를 찾아볼 수가 없다고 했습니다. 남용을 막기 위해 다양한 조건을 이야기했지만 원칙적으로는 이자를 인정했습니다.

프로테스탄트만이 무제한으로 이자를 인정한 것은 아닙니다. 이자 징수는 중세 이후 하나의 종교적인 도덕 문제로서 논의되어왔습니다. 그러나 17세기 프랑스 등에서 추진된 중상주의에 따라서 국

가톨릭 수도회　　　　　　　　　　　　　　**Must Word**

신앙과 기도를 실천하는 장이지만 교회와 마찬가지로 세속적인 힘을 가졌고 광대한 영토를 둘러싼 수도회도 있었다. 프란치스코 수도회, 시토 수도회, 베네딕트 수도회, 도미니코 수도회 등이 유명하다. 이후 근세가 되자 포교를 주목적으로 하는 예수회 같은 수도회도 나타났다.

가 정책으로 이자율을 결정하기 시작했습니다. 프랑스는 가톨릭 국가입니다. 프로테스탄트와 이자 징수는 베버가 주장하는 것처럼 개연적인 상호 연관성이 없습니다.

이처럼 프로테스탄트 교리가 자본주의가 융성하는 데 큰 역할을 했다는 주장은 많은 점에서 의심스럽습니다.

자본주의 에토스

•

자본주의의 정의는 넓습니다. 자본금을 본전으로 삼아 이윤을 만들어가는 구조가 자본주의입니다. 넓은 의미에서 자본주의는 중국에서도 인도에서도 어디에서나 존재합니다.

그러나 베버가 말하는 근대 자본주의는 종교개혁 이후에 등장한, 합리적이고 자본주의적인 조직으로 운영되는 형태입니다.

큰 은행가와 상인들은 어느 시대에나 존재했지만 산업 자본가인 부르주아와 산업 노동자가 조직적으로 생산을 관리하는 시스템은

막스 베버   **Must Person**

30살에 교수가 되었지만 신경병을 앓고 바로 사직했다. 신경병의 원인은 자세하게 알려지지 않았다. 그 후 종교사회학을 확립하고 기독교를 비롯해서 힌두교, 불교, 유교, 도교 등 세계 종교의 경제 윤리를 연구했다.

**근세 : 인간은 어떻게
돈의 노예가 되었는가**

17세기 이후 근대부터 시작합니다.

베버에 따르면 근대 자본주의가 조직적으로 편성되기 위해서는 집단에서 어떤 합의가 성립돼야 합니다. 그 합의는 자본주의 특성에 어울리도록 생활 태도와 직업관을 규정하는 집단 규범이고 베버는 그 규범이야말로 프로테스탄트 교의라고 주장했습니다.

근대 자본주의가 집단과 공통의 이념에 따라서 성립하는 것이기 때문에 그 이념이 어떻게 생성되었는지를 찾아가는 일이 베버에게는 매우 중요했습니다.

이익 추구를 인정하고 경쟁 사회에서의 불평등한 분배도 인정하고 노동력 착취도 인정하는 합의는 종교적 힘의 배경 없이 생각할 수 없었습니다.

베버는 에토스ethos라는 그리스어를 가지고 옵니다. 에토스는 일반적으로 어떤 사회 집단을 지배하는 논리적인 심적 태도를 이야기합니다. 베버는 자본주의의 에토스를 프로테스탄트 종교 규범 속에서 찾았고 엄청난 데이터를 가지고 논증하려고 했습니다.

분명히 자본주의의 거대한 조직 편성력은 한 번의 우연으로 만들어질 수 없는 것입니다. 베버는 프로테스탄트의 종교적인 합의가 쌓여감으로써 조직 편성력이 만들어졌다고 주장합니다. 매일의 종교 생활을 통해 반복하고 반복함으로써 사람들의 의식에 새겨졌다고 말합니다.

부르주아의
면죄 방법

•

칼뱅이 영리 추구와 재산 축적을 인정해야 한다고 할 때 그 인정은 적극적인 것이 아니라 조건적인 것이었습니다.

칼뱅은 사람들이 사회에 봉사하는 정신으로 일에 전념함으로써 부를 획득하고 풍요롭게 사는 것을 인정했습니다. 부 자체를 사랑해서는 안 되며 경계해야 한다고 했습니다. 칼뱅 교의에서는 자본주의의 자유 경쟁 아래 경제적인 이익을 최대화하는 자세가 허용되지 않습니다. 칼뱅은 엄격한 도덕규범 아래에서 공공의 복지를 위해서 노동하는 것이 중요하다고 이야기했습니다.

그러나 칼뱅의 의도를 넘어서 자본주의가 사람들이 이익을 추구할 수 있도록 면죄를 준 것도 사실입니다. 영국의 역사가 리처드 헨리 토니 Richard Henry Tawney 는 1926년에 발표한《종교와 자본주의의 발흥 Religion and the Rise of Capitalism》에서 프로테스탄트 개혁이 경제 활동을 종교 규범과 윤리 구속에서 해방시켰다고 했습니다. 종교가 물질적인 이익 추구를 인정하는 결과가 됐고 그렇게 근대 자본주의가 형성됐다는 설명입니다.

처음에는 경건한 프로테스탄트였던 중산 계급이 점차 자본을 축적하면서 기업가인 산업 자본가, 다시 말하면 부르주아로 변모합니다. 또 자본이 없는 사람들은 노동자 계급으로서 자본가에게 종속

됩니다.

18세기가 되어 종교 색이 옅어지자 자본주의는 이익 추구를 전면에 내세웁니다. 칼뱅의 의도를 넘어서 자본주의는 홀로 길을 걷습니다. 토니는 결국 칼뱅이 인정한 영리 추구와 재산 축적이 자본주의를 종교에서 독립시키는 계기가 되었다고 말합니다.

베버와 토니의 논의에는 분명 차이가 있습니다. 베버가 자본주의 정신이 이익 추구에 대한 프로테스탄트의 면죄로부터 생겨났다고 주장하는 데에 반해 토니는 자본주의 정신은 이미 있었고 프로테스탄트 교의를 면죄로 이용해 발전했다고 주장합니다.

토니의 설명이 역사 속에서 보는 실제 모습과 가깝습니다.

자본주의는 본질적으로 자기 이익을 최대화하고 자유 경쟁을 근본 원리로 하기 때문에 성공하는 자와 탈락하는 자가 필연적으로 발생하고 신 앞에서의 평등이라는 암묵적인 규율에 반하는 현상이 일어납니다.

따라서 거대한 자본을 가진 성공한 부르주아는 교리가 거래와 사업을 인정하면서도 자신과 타인도 따를 수 있는 방향으로 해석되길

리처드 헨리 토니   **Must Person**

영국의 역사가. 경제사의 모든 문제를 인간의 강한 욕구와 사회도덕이 싸우는 관점에서 설명했다. 노동자 계급을 옹호했고 도덕의 발로로서 종교 사상이 경제와 조화를 이룰 수 있는지를 연구했다.

원했습니다.

칼뱅 이전에도 이런 요구는 있었습니다. 그러나 칼뱅 시대 이후에는 자본가들이 교리를 자신들을 정당화하는 데 철저하게 사용했습니다.

부르주아는 프로테스탄트 교리와 함께 자본주의 세계를 살아가는 존재입니다. 그리고 그 세계란 베버가 주장하는 것처럼 종교적인 사명관이 우선하는 세계가 아니라 실리적으로 계산을 따지는 세계입니다.

종교가 먼저인가
경제가 먼저인가

•

베버는 칼뱅이 자발적으로 자본주의의 탄생을 의도했다고 결코 말하지 않습니다. 그러나 칼뱅 교리의 부산물로서 자본주의가 발전했다고 주장합니다.

베버는 어디까지나 종교가 경제를 규정했다고 주장합니다. 그러나 반대 주장도 성립합니다. 즉 경제가 종교를 규정했다는 생각입니다.

12세기 말 이후 유럽은 장기간 경제가 발전하면서 시장과 화폐 경제가 생겨났습니다. 칼뱅이 살았던 16세기에는 자본주의 기초가 이미 만들어져 있었습니다.

그 기초 위에 상공업자 계층인 부르주아가 큰 이윤을 올릴 수 있는 사회 구조가 형성되었고 칼뱅은 그 흐름에 따라서 부르주아들의 환심을 사기 위해서 영리 재산을 긍정하는 등의 교리를 만들어냈습니다.

12세기에는 교황을 비롯한 가톨릭 기독교의 온건한 연대와 분권 속에서 경제가 성장했습니다. 15세기 대항해시대에는 가톨릭 국가인 스페인과 포르투갈이 성장을 이끌었습니다. 대항해시대의 경제 발전을 기반으로 자본주의가 성장했기 때문에 모든 것이 프로테스탄트의 종교 교리 때문이라고 단정 지을 수는 없습니다.

19세기 후반 칼 마르크스 **Karl Marx**는 "하부구조가 상부구조를 규정한다"라는 유명한 정리를 이끌어냈습니다. 하부구조란 경제입니다. 물질과 부의 소유와 이전, 생산과 그 양식 등 경제 현상 전부를 지칭합니다. 하부구조가 사회 기반이 되고 그 위에 상부구조로서 정치, 문화, 종교라는 정신적인 소작小作이 나타난다고 마르크스는 이야기합니다.

마르크스에 따르면 정치, 문화, 종교는 사회 심층에 가로놓인 물질적인 경제 요인의 표층으로서 나타납니다. 표층은 어떠한 경우에도 물질적인 하층과 떨어져서 존재할 수 없습니다. 종교가 경제를 규정한다는 베버의 주장과 완전히 반대되는 주장입니다.

종교가 먼저인가, 경제가 먼저인가 하는 논의는 닭이 먼저냐, 계란이 먼저냐는 문제와 같습니다. 어느 쪽이 먼저가 아니라 사회 전체가 나선형으로 이뤄져 있다는 것이 진실에 더 가깝습니다.

그러나 마르크스가 이야기한, 하부구조가 상부구조를 규정한다는 말은 인간이 숭고한 종교적인 동기에 따라서 움직이는 존재라기보다는 실질적인 이익을 따라서 일하는 존재라는 이야기이기 때문에 더욱 설득력을 가집니다.

칼 마르크스   **Must Person**

《자본론 Das Kapital 》에서 자본주의가 형성된 과정을 자본과 노동과의 관계로 풀어내려고 했다. 독일 유대인 가정에서 태어났지만 6세 때 프로테스탄트로 개종했다.

Part 4

근대 :
머니게임 후반전,
경제와 과학과 종교의 분립

16

종교에서 해방된
부르주아의 욕망

르네상스시대에서 대항해시대를 거쳐 화폐 경제가 시작됐고 유럽 각지에서 시장이 정비되면서 부르주아가 나타났습니다. 부르주아는 상공업과 관련된 일을 하는 사람들입니다. 은행 사장님도, 기업 사장님도, 중소기업의 사원도 상공업과 관련된 일을 하면 모두 부르주아라고 불렀습니다.

부르주아는 독일어로 도시의 성을 뜻하는 부르크Burg에서 유래했습니다. 중세에는 성벽 안에서 시장이 열렸습니다. 그 시장과 관련된 상공업 종사자들을 '성벽 안의 주민'이라는 뜻으로 부르가Bürger라고 불렀는데 부르가는 프랑스어로 부르주아Bourgeois입니다. 프랑스혁명에서 부르주아가 활약했고 커다란 사회적 영향력을 끼쳤기 때문에 프랑스어로 읽은 부르주아가 널리 쓰였습니다.

부르주아가 시민 혁명인 프랑스혁명을 주도했기 때문에 부르주아에는 시민이라는 의미도 있습니다.

유럽 각지에서 나타난 부르주아는 산업 인프라가 정비되고 시장이 통일되길 바랐습니다. 그러려면 강한 정치력이 필요했는데 영국과 프랑스의 부르주아는 국왕을 지지했습니다.

왕권은 통상과 무역을 위한 관료제를 만들고 부르주아의 경제 활동을 지원하고 보장했습니다. 부르주아는 왕권의 수족인 관료제를 지탱하도록 돈을 지원했고 왕과 관료는 중상주의 정책에 따라서 부르주아 사업을 보호하고 육성함으로써 상호 의존 관계가 생겨났습니다.

중세 이후 유럽에서는 로마 가톨릭의 영향 아래 크리스트교의 연대를 기반으로 한 느슨한 연합 사회가 이어졌습니다. 그러면서 영국인과 프랑스인의 집합체인 중앙집권적이면서 효율적인 국가가 탄생했습니다. 자본주의 발전의 외부 틀이라고 할 수 있는 국민 경제와 국민 국가라는 개념도 집권 국가와 함께 탄생한 것입니다.

신의 규범에서 해방된 사회에서 부르주아들은 경제적인 욕망을 노골적으로 드러냈는데 그것이 근대 국가를 형성하는 원동력이 되었습니다.

종교 정책은 곧
경제 정책

•

부르주아는 상공업을 하고 이익을 추구하는 사람들이었기 때문에 칼뱅이 내세운 영리 추구와 재산 축적을 인정하는 교리를 적극 수용했습니다. 프로테스탄트 대다수는 부르주아였습니다. 왕들이 부르주아가 믿는 프로테스탄트를 어떻게 다룰 것인가 하는 문제가 경제적인 이익과 직결되었습니다.

절대 왕정 국가의 프로테스탄트 대책   Must Affairs

영국
영국 국교회 수립
교회 내용은 프로테스탄트
교회 운영 방식은 가톨릭 ············· 청교도 반발
                                    (하층민 중심)

프랑스
낭트칙령으로 프로테스탄트 인정.
⋮
낭트칙령 폐지로 수많은 부르주아가 국외 망명.
경제가 힘을 잃음.

스페인
가톨릭 견지
⋮
수많은 부르주아가 국외 망명. 경제가 힘을 잃음.

영국은 1534년 수장령(영국 국왕이 영국 의회에서 영국 교회에 대해 수위권을 명시한 법률이다. 이로써 종래 로마 교황에게 있던 수장권이 부정되고 로마와 영국 교회와의 관계도 단절됐다-옮긴이)으로 영국 국교회를 창설했습니다.

당시 유럽 본토에서는 루터의 종교개혁으로 가톨릭의 권위가 쇠퇴했습니다. 영국 국왕은 이 기회를 놓치지 않고 구교도 신교도 아닌 영국의 독자적인 국교회를 만들고 스스로 그 수장이 됨으로써 국왕의 권위를 높이려고 했습니다.

또 영국 국교회는 칼뱅파 교의를 전면 받아들여 부르주아들이 국교회 신앙을 따르도록 배려했습니다. 많은 부르주아들이 영국 국교회를 순순히 따랐습니다. 그러나 이미 칼뱅파의 프로테스탄트를 받아들인 하층민들은 영국 국교회를 불완전한 프로테스탄트라고 비판했습니다.

영국 국왕을 정점으로 하는 국교회는 교회 조직을 운영할 때 가톨릭적인 권력 시스템을 많이 받아들였습니다. 하층민은 여기에 반발했고 순수한 프로테스탄트 신앙을 관철하려고 했습니다. 사람들

청교도   **Must Word**

영국의 신교 프로테스탄트. 신도는 모두 평등하며 교회 성직자를 신도보다 위에 두는 것을 인정하지 않았다. 가르침을 전달하는 사람을 목사라고 불렀고 사제와 사교司敎라고 불리는 성직자는 없었다. 가톨릭교회와 다르게 신분의 수직적인 서열을 인정하지 않고 영국 국교회가 가톨릭 식으로 교회 조직을 운영하려는 것에 반대했다.

근대 : 머니게임 후반전,
경제와 과학과 종교의 분립

은 그들을 청교도 puritan 라고 불렀는데 이 말은 엘리자베스 여왕이 그들의 열렬한 신심을 비웃으면서 순진한 pure 사람들이라고 말했던 것에서 시작했다고 합니다.

청교도는 영국에서 종교적 박해를 받았고 결국 신천지를 찾아서 미국 대륙으로 이주합니다.

프랑스에서도 칼뱅파 프로테스탄트가 늘어났고 그들을 '서약한 사람들'이라는 의미로 위그노 Huguenot 라고 불렀습니다. 위그노 중 다수는 부르주아였습니다.

프랑스에서는 1598년 낭트칙령이 공포되어 위그노 칼뱅파는 신앙의 자유를 인정받았습니다. 가톨릭도 프랑스의 국교로서 그대로 남았습니다.

1658년 루이 14세는 가톨릭에 대한 개인적인 신앙 때문에 낭트칙령을 폐지하고 가톨릭 정책을 강경하게 추진하려고 했습니다. 그때문에 위그노들은 국외로 망명했고 프랑스 산업 경제는 큰 타격을 받았습니다.

스페인은 시종일관 가톨릭을 견지했습니다. 프로테스탄트가 다수였던 부르주아 상공업자들은 국왕의 강경한 가톨릭 정책을 싫어했고 국외로 떠났습니다. 스페인은 대항해시대에 신대륙인 미국에서 금과 은을 대량으로 획득해 강대한 국력을 자랑했지만 17세기 이후에는 급속하게 쇠퇴합니다.

욕망과 이성의
균형을 잃다

•

절대주의 국가는 중상주의(17~18세기 절대왕정시대의 경제 사상. 국내 산업을 보호하고 해외 시장을 개척할 목적으로 수행됐던 보호주의 제도-옮긴이)라고 불리는 산업진흥정책과 해외무역정책을 추진했고 국가 간의 경제 경쟁에서 유리한 고지를 점하기 위해 싸웠습니다.

국왕과 국가는 부르주아 계급을 위해서 화폐 경제 시스템을 정비하고 화폐를 매개로 한 신용 거래가 활발해지도록 화폐 가치를 보증했습니다. 은행이 세워지고 거대한 자본이 움직일 수 있게 됐으며 산업이 급속도로 발전하면서 부르주아는 큰 세력으로 성장해갔습니다.

국가는 현세적인 이익, 특히 부와 화폐를 얻기 위해서 정책을 펼쳐야 한다는 기대가 있었고 합리적인 목적에 따라서 공권력을 행사해야 했습니다.

왕과 부르주아들이 이익을 추구하기 위해서 형성한 국가는 인간의 욕망을 억제하고 조화로운 사회를 만들어낼 수 있었을까요? 당시 사람들은 욕망을 억제하기 위한 시스템과 결재의 근거를 도대체 어디에서 찾았을까요?

예를 들어 중세에 인간의 욕망을 억제한 것은 종교였습니다. 계율을 모아서 종교적인 통치 이념을 만들었고 이 이념은 사회 질서를 유지시키는 도덕이 됐습니다. 20세기 전반에 활약한 독일의 역사가 프리드리히 마이네케 Friedrich Meinecke 는 근세 이후의 종교적인 통치이념이 '국가이성'이라는 새로운 통치 이념으로 교체되었다고 주장합니다.

사람들의 이성은 욕망을 억제할 수 있고 그 총체로서의 국가 역시 이성적인 것이 될 수 있습니다. 그렇게 국가이성이라는 질서 규범이 잡힐 수 있을 것이라는 생각이 퍼져갔습니다.

마이네케는 17세기 네덜란드 사상가 휴고 그로티우스 Hugo Grotius 의 주장을 검증했습니다. 그로티우스는 크리스트교의 연대 의식이 소실된 당시, 국가가 법을 엄격하게 내세우고 국제 사회에서의 국가 행동 규칙을 규정해야 한다고 주장했습니다.

국가 사이의 상거래와 해외 진출이 활발해지면서 이른바 국제법이 필요해졌습니다. 그로티우스의 이런 주장은 국가이성이 존재한다는 것을 전제로 했습니다.

마이네케는 국가이성이 그로티우스의 사상에도 표현되듯이 국제적으로 보편적인 조화의 틀을 완성시키는 동기라고 인정했습니

프리드리히 마이네케　　　　　　　　　　　　　**Must Person**

저서 《근대사에서의 국가이성의 이념 Die Ideen der Staatsräson in der neuen Geschichte 》에서 국가이성이 생성된 과정을 서술하고 이성주의에 편중하는 대중의 자세가 필연적으로 파탄에 이를 것이라고 비판했다. 나중에 마이네케는 나치의 박해를 받았다.

다. 그러면서도 국가이성이 자국의 이기적인 이익 추구에 빠졌을 때 국수주의가 발생할 수 있다는 위험성을 제시했습니다.

마이네케의 비판대로 국가이성은 중세의 초속적인 계율이나 신정법과는 달리 인위적인 해석에 기초한 것에 지나지 않습니다.

그러나 근세 이후 인간 이성에 유래하는 국가이성이 보편적인 가치 기준으로 인식되어 빠르게 힘을 얻기 시작했습니다. 그 빠른 속도에서 신이라는 중심축을 잃어버린 당시 사람들의 초조함을 느낄 수 있습니다.

경제의 자유는
정치의 자유

•

인간 이성에서 유래된 국가이성은 신이 부여한 사회 규범을 명확하게 끊어내고 새로운 사회 기준으로서 사람들의 합의를 얻었습니다. 지금 현대를 살아가는 우리에게 국가의 정당성은 공기처럼 당연한 것일지도 모릅니다.

우리는 국가가 규정한 법에 따라서 국가의 틀 속에서 생존권을 부여받았습니다. 우리에게 국가는 이미 있는 것이지만 근세 사람들에게 국가는 그전까지 없던 것이었습니다.

크리스트교의 통치 이념이 붕괴되어 가는 중에 새로운 사회의 연대 기반을 어디에서 찾고 그 정당성을 어떻게 보증할 것인가는 당시 사람들에게 절실한 문제였습니다. 국민 국가 사회는 그 절실한 문제에 관련되었던 많은 사람들이 흘린 피 위에서 달성된 것입니다.

물론 그 절실한 문제의 해결을 인간 이성에서 구했기 때문에 또 다른 폐해도 생겼다는 것을 동시에 인식해야 합니다.

17세기 후반에 국가이성에서 더 나아가 국가란 인간 이성에서 유래한 계약에 의해서 성립한다는 생각이 나타납니다. 이 생각은 사람들의 권리와 이익, 복지를 최대한으로 확보하기 위해서 사람들이 어떤 식으로 국가 권력과 관련되어 있는가를 묻고 합리적으로 해석하려고 했습니다.

존 로크는 John Locke 사회계약설을 주장했습니다. 사회계약설은 국왕만이 주권 국가에서 주권을 갖는 것이 아니라 국민 한 사람 한 사람이 주권을 갖는다는 주권 재민이라는 이념의 단초를 제공했습니다. 사회계약설은 신을 대신해서 사람이 사람을 통치하는 것의 정당성을 이성에서 찾았고 이 생각은 나중에 많은 일에 두루 영향을 끼칩니다.

사회계약설   Must Word

이성을 가진 인간은 합리적 판단에 따라서 질서를 유지하고 이상적인 사회를 목표로 하고 그에 따른 조건에 합의할 것이라고 봤다. 또 그런 사회를 지향하는 구성원의 합의에 의해서 국가 권력이 성립한다고 주장했다.

경제가 발전하면서 도시 주민인 부르주아의 힘이 강력해졌고 그들은 경제의 자유와 의사 결정의 자유를 요구하기 시작했습니다. 결국 왕정을 타파하고 부르주아가 의회를 구성했고 의회를 최고 의사 결정 기관으로 만들면서 자신들의 이익과 권리를 증폭시켰습니다. 프랑스혁명으로 대표되는 근대 시민 혁명은 이렇게 시작됐습니다.

종교 개혁 시대에 칼뱅이 영리 추구와 재산 축적을 인정하면서 경제적인 자유를 얻은 부르주아들은 사회계약설이라는 새로운 이념을 갖고 정치적인 자유를 획득하려고 내달리기 시작했습니다.

이성이 신을 대신하는 만능의 능력으로 근대라는 시대의 문을 열었습니다.

17

프랑스혁명,
부의 집착이 불러온 최후

부르주아 시민의 시대가 열렸고 프랑스도 기존의 봉건체제로는 새로운 시대에 대응할 수 없었습니다. 봉건체제에서는 왕족을 비롯한 성직자와 귀족이 특권 계급을 구성했고 대다수의 대중을 지배했습니다. 성직자가 특권 계급이라는 것에 의구심이 들지도 모릅니다. 당시 교회는 교회세라는 형태로 막대한 세금을 징수해서 자립 재원을 충당했습니다.

재원이 풍부했던 교회는 신앙뿐 아니라 빈민과 실업자 구제, 고령자 복지, 의료 케어, 방범 계획을 세웠습니다. 즉 사회안전망 역할을 담당했습니다. 중세 이래 교회가 지역 주민의 호적을 관리하면서 실질적으로 지방 행정을 담당했습니다. 교회는 자립 재원뿐 아니라 왕실로부터도 거액의 보조금을 받아 조직을 비대하게 키웠습니다. 성직자들은 특권을 누렸고 왕족 및 귀족과 나란히 지배 계급이 되었습니다. 성직자는 엘리트였고 급여도 높았고 퇴직금까지 우대받아서 이른바 매력 있는 직업이었습니다.

재정 파탄 직전의
왕실 재정

•

18세기 프랑스 왕실은 거듭된 전쟁으로 재정난에 빠졌습니다. 정치를 제대로 할 수 없었고 신용 불안으로 인플레가 진행되어 국민 생활은 곤궁해졌습니다.

프랑스혁명 직전 프랑스 왕실 수입은 연간 5억 루블이었는데 누적 적자는 45억 루블이었습니다. 부채 이자만도 연간 5억 루블에 달했고 이외에도 특권 계급에게 연금을 주기 위해서 2억 5천만 루블을 써야 했으므로 왕실 재정은 파탄 직전이었습니다.

성직자와 귀족으로 이뤄진 특권 계급이 대중을 지배했고 대중은 괴로운 생활을 강요받았습니다. 그런데도 국왕 루이 16세와 왕비 마리 앙투아네트는 대중의 고통을 돌아보지 않고 온갖 사치를 누렸다고 합니다.

하지만 마리 앙투아네트의 낭비만으로 왕실 재정이 기울어진 것은 아닙니다. 아무리 왕비가 사치를 한다고 해도 왕비가 쓴 돈은 국가의 전체 예산 가운데 1퍼센트도 되지 않습니다. 마리 앙투아네트가 프랑스 재정을 붕괴시켰다는 것은 과장된 이야기입니다.

프랑스가 재정 파탄에 이른 가장 큰 원인은 17세기 태양왕 루이 14세 시대부터 계속된 대외전쟁이었습니다. 대외전쟁을 치르느라 엄청난 부채가 누적되었습니다.

교회 재산으로
증권을 발행하다

•

왕실은 곧 재정 파탄에 빠질 위기였으므로 무슨 수를 써서라도 재원을 확보해야 했습니다. 재정난을 해결하기 위해서 타깃으로 삼은 것은 교회와 성직자였습니다.

1789년 파리에서 폭동이 일어났고 프랑스혁명이 시작되었습니다. 국왕은 의회를 열어 의회에게 사태 수습을 맡겼습니다. 의회는 파탄 직전의 재정을 재건하고 신용 불안을 야기한 인플레이션을 진정시키는 일을 최우선으로 대처하고자 했습니다.

1790년에 프랑스 의회는 성직자 민사기본법을 제정합니다. 이 법률은 가톨릭교회의 조직, 재산, 인원을 국가 관리 하에 두기 위해서 만든 것이었습니다. 왕실 재정을 확보하는 방법은 교회의 국유화밖에 없었습니다. 신앙의 국유화는 신앙을 무너뜨리는 폭거라고 받아들여질 수도 있었습니다. 그러나 상황은 절박했고 문자 그대로 '개혁에 성역'은 없었습니다.

성직자들은 이 법률에 반발했습니다. 국유화에 따라 공무원이 된 성직자의 급여는 크게 삭감됐고 많은 성직자가 해고당했습니다.

왜 교회가 타깃이 되었을까요? 당시 부르주아 시민 계급이 힘을 키우자 부르주아는 재력과 정치력 양쪽에서 커다란 힘을 갖기 시작했습니다. 귀족들은 비판 세력을 피하기 위해 부르주아 계급과 결탁해서 막대한 교회 재산을 빼앗아 오려고 했던 것이었습니다.

교회 재산은 6억 루블이었고 당시 프랑스 왕실의 연간 수입보다 많았습니다. 의회는 교회 재산을 담보로 증권을 만들었고 아시냐 assignat라는 채권을 발행한 뒤 루블을 대체할 화폐로 아시냐를 통용시켰습니다. 성직자 민사기본법은 교회 재산을 담보로 새로운 화폐를 발행하는 것이 최종 목표였습니다.

의회는 새로운 지폐인 아시냐로 인플레를 해결하려고 했습니다. 그렇지만 왕실 재정의 부채가 워낙 막대했고 의회도 매우 불안정했기 때문에 신용 불안은 불식되지 않았고 인플레는 수습되지 않았습니다.

1792년 오스트리아를 중심으로 주변 제국과의 마찰 속에서 혁명 전쟁이 촉발하자 의회는 그 비용을 조달하기 위해서 아시냐를 남발했습니다.

의회는 물가 통제령을 발령했고 아시냐를 통용하지 않는 경우의 벌칙을 규정했습니다. 그러나 효과가 없었고 아시냐의 가치는 루블과 함께 하락을 계속해서 인플레가 해결되지 않았습니다.

교회가 가진
특수한 힘

·

한편으로 재산을 빼앗기고 조직이 국유화된 교회는 잠자코 있지 않았습니다. 성직자 간부는 성직자 민사기본법을 인정하지 않았고 의회의 존재를 부정했습니다.

성직자들은 당시 로마 교황과 협조해서 의회를 강하게 비판했습니다. 프랑스 성직자들은 교황의 위광을 배경으로 일반 신자들에게 "신앙이 위협받고 있다"라고 설교하며 교묘하게 선동했습니다.

특히 지방의 보수적인 농민층은 경건한 가톨릭 신자들이었는데 성직자의 설교에 과격한 반응을 보이고 반란을 일으키게 됩니다. 그중 대표적인 것이 방데라는 프랑스 남서부에서 일어났던 반란입니다.

처음에는 파리에서 일어났던 폭동과 정변이 프랑스 전역으로 퍼지면서 혁명이 본격화됐습니다. 한편 지방에서는 경건한 가톨릭 신자인 농민층을 중심으로 반란이 일어났고 거기에 왕정을 지지하는 보수파 귀족이 더해져서 더 큰 반동 세력이 형성됐습니다. 성직자들은 그 배후에서 사람들을 선동했습니다.

혁명파 의회도 점점 급진적으로 국왕을 처형하는 등 보수 세력을 철저하게 탄압했습니다. 이렇게 해서 보수파와 혁명파는 피를 피로 씻는 내전에 빠졌고 프랑스는 말 그대로 혁명의 양상을 띠게 되었습니다.

프랑스혁명은 성직자, 농민, 귀족에 이르기까지 가톨릭 보수 세력이 변혁에 격렬하게 저항함으로써 본격화했습니다. 보수 세력은 가톨릭 신앙이라는 정신 기반에 입각해서 연대했고 신앙을 지키기 위해서 반란을 일으켰습니다.

의회는 재정난을 해소하고 적정하게 개혁하려고 했지만 사태는 의회가 의도했던 것을 넘어서 신앙을 둘러싼 대립으로 발전했습니다. 교회 재산에 손을 대는 위험을 의회도 이해하고 있었지만 문제가 여기까지 커질 것이라고 예상할 수 없었습니다.

성직자가 재산을 빼앗긴 것에 화를 내고 집요하게 대중을 선동해서 대규모의 반란을 일으켰습니다. 그로써 국가 자체가 붕괴 위기에 빠졌다는 사실은 종교가 그만큼 세속의 부에 집착했다는 증거이기도 합니다.

당시 프랑스 교회는 다양한 세속 권리와 깊게 연결되어 있었고 특권을 향유했습니다. 특권을 빼앗기고 원한을 품은 성직자들은 교회만이 갖는 특수한 힘으로 보복을 한 것입니다. 그 힘은 바로 신앙이었습니다.

신을 저버린 자들의
권력 싸움

•

혁명파 중에 말을 잘하는 자크 르네 에베르 Jacques René Hébert 이라는 교활한 인물이 있었습니다.

에베르는 교회 세력의 저항을 심각하게 받아들이고 근본적인 해결을 도모해야 한다고 생각했습니다. 신이라는 존재가 개혁에 방해가 된다면 신을 배제해야 한다고 주장했고, 신을 대신해서 인간 이성을 존중하는 반 크리스트교 운동을 전개했습니다. 그리고 그 일련의 운동을 이성 숭배 운동이라고 불렀습니다.

에베르의 주장이 혁명파에 침투해서 의회에서는 가톨릭력인 그레고리력을 폐지하고 혁명력을 사용하기 시작했습니다. 그 후 이성 숭배 운동은 점점 더 강해졌습니다.

18세기 말 사회가 근대화되면서 합리주의와 과학주의가 퍼져가는 가운데 신앙은 비과학적인 것이며 시대에 뒤처진 것으로 여겨졌습니다. 혁명파는 합리주의를 받아들인 사람들을 통해서 자신들의 혁명 사상을 사회에 알리려고 했고 이성이나 과학으로 새로운 번영을 구축하겠다는 이상을 불태웠습니다.

에베르는 합리주의자들의 공감을 불러일으키며 자신의 정치적인 파벌을 형성해갔습니다. 당시 혁명파의 지도자인 막시밀리앙 로베스피에르 Maximilien Robespierre 는 에베르파의 세력 확대에 위협을 느끼고 1894년 에베르를 처형합니다. 에베르의 죄목은 셔츠를 훔친 것이었습니다.

로베스피에르는 이성 숭배 운동을 금지하면서도 에베르의 노선을 답습했습니다. 로베스피에르는 크리스트교의 신을 대신하는 '최고 존재'라는 것을 이끌어내고 그에 대한 제전을 성대하게 거행했습니다. 최고 존재는 혁명의 이념과 공화국의 이상입니다. 로베스피에르와 에베르는 신앙을 배제하고 합리주의에 의해서 새로운 사회를 만들어냈다는 공통점이 있습니다.

이처럼 프랑스혁명은 가톨릭의 가치관을 근대정신에 따라서 배제하는 것을 목적으로 하는 사상 투쟁으로 발전했습니다.

신이라는 존재에 속박된 중세의 잔재가 18세기 말까지도 뿌리 깊게 남아 있었습니다. 합리주의자들은 그 잔재를 물리치는 총력전 같은 상황을 혁명의 분위기로 대한 것이 틀림없습니다. 프랑스혁명과 같은 유럽 근대 시민 혁명을 생각할 때 종교라는 요소를 제외할 수 없습니다.

혁명파   **Must Word**

1793년 혁명파는 가톨릭 색이 강한 그레고리력을 폐지하고 공화제를 선언했던 1792년 9월 22일을 시초로 하는 새로운 달력을 제정했다. 신을 대신해서 혁명 공화국이 시간을 관장하고 모든 것을 지배한다는 정치적 의지를 나타낸다고 볼 수 있다.

버크의 경고와
나폴레옹의 등장

●

도버 해협 너머의 영국은 프랑스 혁명파들의 움직임에 위협을 느꼈습니다. 이때 프랑스 혁명이 비극적인 파국을 맞이할 것을 예견한 영국인 사상가가 있었습니다. 바로 에드먼드 버크Edmund Burke입니다.

버크는 자연적으로 발전해온 관습법common law과 도덕이라는 게 있다고 주장했습니다. 물론 종교도 그중 하나라고 했습니다. 제도, 전통, 관습은 고대부터 계속 이어져온 필연성이 있고 쉽게 붕괴하지 않는다고 했습니다. 만일 제도, 전통, 관습을 무리하게 무너뜨리려고 하면 사회는 혼란에 빠진다고 설명했습니다.

버크는 1790년에 저술한 《프랑스혁명에 대한 성찰Reflections on the French Revolution》에서 프랑스혁명을 비판했습니다. 프랑스혁명이 인공적인 이성을 절대시하고 기존의 관습과 교회 제도를 부정하고 있기 때문에 결국 무질서에 빠질 것이라고 예견하고 경고했습니다.

버크의 경고대로 프랑스혁명으로 혼란이 극심해집니다. 로베스피에르는 합리주의를 관철시키려고 했기 때문에 강한 반감을 샀고

에드먼드 버크　　　　　　　　　　　　　　　　　**Must Person**

근대의 이성만능주의에 반발한 보수주의자. 하원의원을 지낸 정치가. 전통과 관습을 중요시했고 봉건적인 계급 제도를 긍정했다. 그런 점에 대해서 비판을 받기도 한다.

반대파를 단속하기 위해서 공포정치를 했습니다.

그러나 로베스피에르는 결국 사람들에게서 가톨릭 신앙을 지울 수 없었습니다. 가톨릭의 부활과 안정을 바라는 국민이 대다수인 가운데 급진적인 로베스피에르는 점점 고립되어 갑니다. 최종적으로 로베스피에르는 반동 세력에 의해 처형당합니다.

그 후 프랑스 정치는 대혼란에 빠졌고 기능이 마비되었습니다. 혼란에 빠진 프랑스를 강한 군사력으로 구제한 사람은 바로 나폴레옹입니다. 나폴레옹은 가톨릭 부활을 인정했고 안정을 바라는 사람들의 요구에 응했습니다.

18

미국 건국,
신념을 이긴 현실경제

미국에서 비즈니스를 한 번이라도 해본 사람들이라면 누구나 적은 규제에 놀란다고 합니다. 미국 관청에서는 복잡한 인허가 수속이 필요하지 않습니다. 융자를 받을 때도 어떤 형태나 전례가 없어서 다른 나라 은행에서는 생각할 수 없을 정도로 대응이 유연합니다.

미국에서는 자기 책임이라는 생각이 철저해서 그 책임을 다한다면 행동을 규제하는 일이 거의 없습니다.

17세기 이후 200년 동안 미국이라는 변경의 황야를 개척해서 사회를 다시 쌓아올린 개척자들의 정신이 오늘날에도 숨 쉬고 있습니다. 황야에서 생활양식을 얻는 것, 외적으로부터 몸을 지키는 것, 엄격한 자연 환경에서 살아남는 것, 이들은 모든 것을 자신들의 힘으로 해야 했습니다.

미국에서는 황야를 개간해서 농장을 만들고 농업을 창업하는 데 누군가의 허가가 필요하지 않습니다. 본인이 할 마음만 있다면 누구라도 창업이 가능하고 신분이나 집안의 지위나 명예와는 관계가 없습니다.

개척자들의 독립 정신이 오늘날 미국의 정치, 경제, 종교 등 다양한 분야에서 개인주의를 불러일으켰다고 말할 수 있습니다. 이것을 프런티어 스피릿, 즉 개척자 정신이라고 부르지요.

개척자 정신은 종교적인 정열에 뿌리를 두고 있습니다. 미국인은 황야를 개척하고 문명사회를 구축하는 것이 신이 부여한 명백한 사명 Manifest Destiny 이라고 생각했습니다.

명백한 사명　　　　　　　　　　　　　　　　　　**Must Word**

1845년에 저널리스트 존 설리번 John Sullivan 이 잡지 《데모크라틱리뷰 Democratic Review》에서 서술한 단어로, 미국인의 영토 확장이 종교적 사명임을 각성시켰고 또 그것을 정당화했다.

신앙과 생존의 힘이
미국을 만들다

•

유럽인들은 대항해시대에 신대륙 아메리카를 발견했습니다. 그 후 대서양을 건너 신대륙으로 이주하기 시작했지요. 17세기에 영국인, 프랑스인을 중심으로 네덜란드인, 독일인, 스웨덴인, 스페인 사람들이 이주했습니다.

그중에서도 신대륙 개척에 가장 야심을 불태웠던 사람들은 영국인이었습니다. 영국의 상층 계급은 영국 국교회를 신봉했지만 가난한 사람들은 프로테스탄트 청교도였습니다.

17세기 영국뿐만이 아니라 유럽 곳곳에서는 인구가 급증했습니다. 과학과 의학이 발전하고 세균이라는 개념이 알려지고 위생에 대한 의식이 향상되어 청결한 생활공간을 유지하게 된 덕분이었습니다. 그로 인해 유아 사망률이 낮아지고 인구가 늘었습니다.

영국은 농경지가 적어서 차남 이후의 아이들에게 상속해줄 땅이 없었습니다. 곤궁한 사람 대부분은 도시에 나와서 노동자가 되었지만 적은 월급에 혹사를 당했습니다. 그들 대부분은 청교도였기 때문에 종교적으로도 박해를 받았습니다. 따라서 그들은 신천지를 찾아서 신대륙 미국으로 이주했습니다.

1620년 이후 미국으로 건너간 청교도를 '순례의 시조 Pilgrim Fathers' 라고 부릅니다. 그들은 먼저 이주했던 가톨릭교도와 미국 원주민과 싸우면서 세력을 확대했습니다.

영국에서 가난하게 살던 청교도들이 경제적인 생존권을 미국에서 찾은 이유를 이해할 수 있습니다. 그들이 황야에서 상상을 초월하는 고난을 극복할 수 있었던 것은 종교적 정열이 있었기 때문이었습니다.

《주홍글씨》에서 보이는
미국 청교도 사회

•

신천지를 구축하고 계율을 지키고 신과 함께 살아간 당시 청교도들의 정신적인 상황을 표현한 책이 있습니다. 바로 《주홍글씨 The Scarlet Letter》라는 소설입니다. 《주홍글씨》는 미국의 문학가 너새니얼 호손 Nathaniel Hawthorne 의 작품으로 1850년에 출판되어 화제를 불러 일으킨 문제작입니다.

《주홍글씨》는 17세기 미국 청교도 사회를 배경으로 불륜 끝에 출산하는 여성을 주인공으로 합니다. 부정한 아이를 낳은 주인공은 청교도의 계율에 의해서 간통 adultery 죄를 나타내는 A라는 주홍글씨를 새긴 천을 가슴에 붙이도록 강요받습니다.

이 소설은 마을 사람들로부터 심한 비방을 받으면서 살아가는 주인공의 모습과 내면을 그립니다. "정을 통한 남자의 이름 대라"고 집요하게 추궁하는 목사에게 주인공 여자는 묵비권을 행사합니다.

호손은 청교도의 계율이 현실을 살아가는 인간 세계와 괴리되었다고 고발하고 그 모순을 현실적으로 그렸습니다.

당시 청교도들은 극단적이고 엄격한 종교 규범과 함께 살아갔습니다. 극단적이라고 할 수 있는 청교도의 이상주의는 이질적인 것을 배제하려고 했습니다. 청교도들은 신의 이름 아래 미국 원주민을 박해하고 학살했고 자신들의 생존권을 확립했습니다.

경제 이익에 따라
계율을 해석하다

•

처음에는 극단적이었던 청교도들이 농지를 확보하고 경제력을 갖기 시작하자 균형을 갖춘 종교관을 갖게 되었습니다.

청교도들은 설탕, 커피, 면화, 담배 등의 상품 농작물을 농장에서 재배해서 영국을 비롯한 유럽으로 수출했습니다. 그렇게 재산을 축적한 사람들이 하나 둘 나타났습니다. 청교도들은 이익을 극대화하기 위해서 밀가루 등의 식량 작물 대신 상품 농작물을 중점적으로 생산했습니다.

또한 청교도들은 미국 남부 루이지애나 지방의 비옥한 토지를 갖고 싶어 했습니다. 그곳에 정착한 프랑스 이민자들을 쫓아내기 위해서 본국인 영국과 연계해서 프랑스와 식민지 쟁탈전을 벌입니다. 18세기 초부터 영국 본국은 국가 주도로 이주자를 지원하는 다양한 프로그램을 짰고 미국에 개발 투자도 활발하게 했습니다.

영국에서 영국 국교회를 신봉하는 상류 계급은 청교도를 박해했고 청교도들은 그에 반발해서 미국으로 이주했습니다. 그러나 청교도 후손들은 세대가 지남에 따라 영국 본토와 경제적인 연대를 강화했습니다.

언젠가부터 청교도 규율은 해이해졌고 현실적인 경제 이익을 추구하는 새로운 미국인이 탄생했습니다.

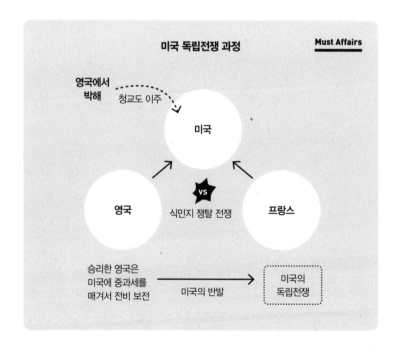

영국과 프랑스의 미국 지배를 둘러싼 식민지 쟁탈전은 18세기 중반 영국의 승리로 끝났습니다. 영국은 이 전쟁에 쏟아 부은 막대한 돈을 미국이 부담하게 했습니다. 설탕법(1764년 제정. 설탕, 커피, 와인 등 미국으로 들어오는 대부분의 물품에 관세를 부과하는 법-옮긴이), 인지법(1765년 제정. 신문 등 사실상 모든 인쇄물에 인지를 붙이도록 하는 법-옮긴이), 타운샌드법(1767년 제정. 종이, 유리, 차茶 등에 수입세를 신설한 법-옮긴이) 등 다양한 물품에 세금을 부과하는 법률을 일방적으로 강요했습니다.

이런 사태에 직면하자 미국인들은 청교도로서의 반골정신이 다시 깨어났습니다. 영국 본토의 지배에서 벗어나기 위해 단결하고 일어섰습니다.

실리인가 신념인가

•

1775년 미국 독립전쟁이 터졌습니다.

당초 미국 사람들은 영국의 횡포에 저항하는 소규모 전투라고 가볍게 생각했습니다. 독립전쟁이라는 거창한 생각을 했던 것은 아니었습니다. 개중에는 영국 본국의 행정 등의 원조 없이 잘할 수 있을까 하고 주저하는 사람도 있었습니다.

또 영국 본국과 상거래를 하는 업자도 많았기 때문에 영국과의 관계가 단절되면 경제적으로 큰 손실이 발생할 수 있었습니다.

지금도 그렇지만 그때의 미국인은 서로 다른 두 가지 측면을 갖고 있었습니다. 실리를 추구하고 유연하게 타협하는 현실주의자의 측면이 있었고, 한번 화가 나거나 모욕을 당하면 청교도적인 완고한 계율주의자로 변하는 측면도 있었습니다. 미국인의 행동 패턴은 이 두 가지를 왔다 갔다 하는 것으로 대부분 설명할 수 있습니다.

　독립전쟁 전날 밤 대부분의 미국인은 이 두 가지 측면에서 흔들렸습니다. 처음에는 영국과의 경제적인 실리를 우선으로 하는 현실주의적인 발상이 다수를 차지했습니다. 그러나 서서히 아버지들에게 물려받은 계율주의 신념에 불이 붙었습니다.

　1776년 사상가 토머스 페인 Thomas Pain 은 《상식 Common Sense 》을 저술하고 독립전쟁의 필요성과 대의명분을 주장했고 토머스 제퍼슨 Thomas Jefferson 은 〈독립 선언문 The Declaration of Independence 〉으로 이 전쟁이 독립을 위한 싸움이라는 것을 사람들에게 호소했습니다. 이 두 사람의 활약으로 독립의 기운이 단숨에 높아졌고 미국은 영국과의 전쟁에 본격적으로 돌입했습니다. 미국 측은 워싱턴의 지도 아래 총력을 올려 영국에 도전했습니다.

토머스 제퍼슨　　　　　　　　　　　　　**Must Person**

33세 나이로 〈독립 선언문〉을 발표한 뒤, 출신지인 버지니아로 돌아가서 주 의회에서 활동했다. 신앙의 자유를 실현하는 등의 개혁을 했다. 1783년부터 중앙 정계에서 활동했고 서부 개척과 식민 계획을 입안했다. 1801년 미국 제3대 대통령이 됐다.

독립전쟁은 영국을 비롯한 유럽의 부패한 구세계에서 해방하기 위한 진투로서 미국 사람들에게 특수한 종교 의식을 환기시켜 구원의 색채를 강하게 띠게 되었습니다.

국교 제도를 부정하다

·

독립전쟁에서 승리한 미국은 미합중국이 되었습니다.

합중국은 13개 주로 구성되었지만 주마다 종교와 종파가 달랐고 정치적인 주장도 달랐습니다. 영국계, 스페인계, 프랑스계, 혼혈계처럼 민족도 달랐습니다.

따라서 미국은 각 주의 차이를 남겨둔 채 연방제를 채택했습니다.

미국 건국의 아버지는 대부분이 청교도였지만 일단 전쟁이 끝나고 평화 시기로 들어서자 실리를 위해서 타협할 수 있는 현실주의자로 돌아왔습니다.

이들은 17세기《주홍글씨》시대의 선조들과 달리 계율이나 신앙

미합중국 수정헌법 제1조 Must Word

"연방 의회는 국교를 정하거나 종교상의 자유로운 행위를 금지하는 법률이나 언론 및 출판의 자유를 제한하고 평화로운 집회의 권리, 정부에 청원할 권리를 침범하는 법률을 만들 수 없다."

을 새로운 합중국이라는 국가 안에서 강제하려고 하지 않았습니다. 종교의 강요가 대립을 낳고 국가를 분단의 위기에 빠뜨린다는 것을 잘 이해하고 있었습니다.

미합중국 헌법의 수정헌법 제1조에서 정부가 특정 종교를 국교로 정하거나 그것을 보호 또는 강제하지 않는다고 규정했습니다. 종교의 자유를 보장한 것입니다.

종교적인 정열로 시작된 개척은 합중국이라는 관용의 열매를 맺었습니다. 긴 세월 동안 황야 속에서 길러진 미국의 관용은 다양한 종파, 문화, 민족의 차이를 넘어서 많은 사람들을 끌어들였고 큰 발전과 약진의 원동력이 되었습니다.

19

유교에 잠식당한
청나라의 경제발전

유교는 역사 속에서 보수적인 윤리 규범을 고정하는 역할을 반복했기 때문에 변혁 정신과는 대척점에 있다고 여겨집니다.

예를 들어 기원전 2세기 한나라의 무제는 황제의 중앙집권체제를 강화하기 위해서 군신, 장유, 부자 등의 질서를 중시하는 유교의 도덕관을 정치적으로 이용했습니다.

무제는 난을 진압했고 흉노라는 이민족을 성공적으로 토벌해서 안정기를 만들었습니다. 또 실력으로 경쟁하는 법치주의보다도 유교의 덕치주의를 이용해서 사회질서를 유지하고자 했습니다.

무제는 유학을 장려함으로써 사상을 통제했고 지식인들에게 유교 문헌을 해석하는 일을 맡김으로써 유교의 기반을 탄탄하게 만들었습니다. 새로운 사상이 형성되지 못하게 막으면서 유교적인 제사주의를 유지지고 상의하달식 규범과 관료제를 만들었습니다.

이 방식은 이후 왕조에도 답습되어 황제의 전제 정치와 관료주의를 낳는 이념적 기반이 되었습니다. 6세기 당나라는 정권을 안정시키기 위해서 유교의 질서 규범을 다시 추구했습니다. 당나라의 태종은 많은 유학자를 등용하고 《오경정의五更正義》라는 유교 원전을 5가지 경서經書의 공식 해석서로 정했습니다. 그리고 수나라 시대에 만들어진 관리 등용 시험인 과거科擧에 《오경정의》를 중심으로 한 유교 과목들을 도입했습니다. 과거를 통해 유교 소양을 가진 인재를 관료로 등용했고 황제의 수족으로 일하게 했습니다.

관료제가 정치의 중핵이었기 때문에 중국에서는 결국 민주주의와 의회 정치가 뿌리 내릴 수 없었습니다. 독재적인 집권 정치는 광대한 중국을 통치하기 위한 방편으로 계속 유교를 이용했습니다.

과거 **Must Word**

수나라에서 시작된 관리 등용 학과 시험. 실질적으로는 당나라 때 정비됐고 시험 과목으로 유학과 시문이 제시되었다. 그 후 다른 중국 왕조에도 계승됐다. 과거제는 유럽에도 알려졌고 18세기 프랑스 계몽 사상가 볼테르Voltaire는 과거 제도를 높이 평가했다.

변화에 대응하는
유교의 진정한 모습

·

근대 이후 중국은 문을 닫아걸고 사회 변혁을 하지 않았고 유교 규범을 고집했습니다. 유교가 개혁을 막는 큰 장해물이었습니다. 근대화가 가장 늦었던 중국을 여러 열강이 경제적으로 지배했습니다.

이런 역사적 사실로 볼 때 유교는 변혁을 거스르는 수구사상이라는 이미지가 아무래도 먼저 떠오릅니다. 그러나 이 이미지는 중국 황제들이 유교를 정치적으로 이용한 결과였습니다. 유학자들의 문헌을 하나하나 읽어보면 유교는 변화에 놀랄 만큼 유연한 대응력을 갖고 있습니다.

예를 들어 11세기 이후 송나라에서는 자유로운 기풍 속에서 유교가 변혁했습니다. 주돈이가 창시하고 주희(주자)가 정리한 송학(주자학)이 융성했습니다.

당 시대까지 유교는 규범만을 선행하고 문답무용問答無用으로 밀어붙이는 법문주의였습니다. 그러나 송학의 개혁으로 도덕이나 이

주희   **Must Person**

12세기 남송의 유학자. 만물은 이理와 기氣로 되어 있다는 이기이원론理氣二元論을 펼치고 그때까지 유교에 없던 우주관과 물질관을 제기했다. 미국 《타임 Time》이 선정한 '2000년 위인'에서 적은 수의 동양 위인 가운데 한 사람으로서 평가받았다.

상을 묻는 논리 사고와 대의명분이 중시됩니다. 그렇게 유교는 단순한 규범학에서 철학으로 변모합니다.

그러나 유연한 생각과 장대한 논리 체계를 가진 주자학도 14세기 이후에 명나라가 이를 국가의 학문으로 정하자 점점 왜곡되고 경직되어 본래의 모습을 잃어버립니다.

청나라의 경제 발전

·

17세기 북방 이민족인 만주족은 중국을 정복하고 청나라를 건국했습니다.

만주족은 중국인이 아닙니다. 중국 북동부의 만주에 살았고 여진족이라고 불렸으며 만주어라는 독자 언어도 갖고 있었습니다. 청나라는 1644년부터 1912까지 약 250년 동안 중국을 지배했습니다.

청나라는 반청적인 언론을 엄격하게 통제했고 '문자의 옥文字獄'이라고 불리는 사상 통제를 했습니다. 만주족이나 청나라에 반대되는 서적을 적발해서 그 작자를 엄벌했습니다. 한편으로 유교 사상을 비롯한 중국 문화를 존중해서 과거를 실시하는 등 유교 정책을 펼쳤습니다.

12세기 이후 주희가 했던 것처럼 유교는 날카롭게 사회를 비판하는 성격을 강화했습니다. 그러나 이민족 왕조인 청은 언론을 엄격하게 단속했기 때문에 당시 유학자들은 정치 사상을 논의하는 것을 피하고 유교 구문句文을 해석하는 것에만 머물렀습니다. 이러한 해석중심적인 유교를 고증학考證學이라고 부릅니다.

17세기 청의 경제는 비약적으로 발전했습니다. 금융업 규제가 완화되었고 대도시에는 자본이 쌓였습니다. 농촌에서도 농사를 크게 짓는 농민과 부유한 상인들이 많아져서 지방 특산물을 다루고 큰 이익을 올렸습니다. 17~18세기 중국은 세계의 다른 지역에 비해 월등히 풍요로웠습니다.

중화사상이 부른
쇠퇴의 길
·

중국은 유럽과 다른 지역보다 훨씬 더 부유했기 때문에 근대화가 필요하지 않았습니다.

18세기 중국을 다스렸던 건륭제는 영국에서 온 사절단에게 "너희들 나라에는 빈약한 것만 있다. 우리들이 원하는 것은 아무것도 없다"라고 말하고 이들을 쫓아냈습니다.

당시 영국 사절단이 가져온 것은 태엽 감는 시계, 오르골, 소형 총, 기계 인형, 기관차 모형이었습니다. 모두 기계화를 국책으로 하는 영국의 독자적인 기술력을 자랑하는 물건이었습니다. 긴륭제는 이것들을 보고 "천박한 장인의 착상"라고 웃었다고 합니다.

당시의 건륭제를 비롯한 중국 지배층은 유교적인 세계관을 확고하게 갖고 있었습니다. 군신서열의 예를 국제 관계에도 적용해서 대국인 중국이 주변 국가들을 종속시키고 세계 질서의 중심이 되어야 한다고 생각했습니다. 이른바 중화사상이었습니다.

중화사상에 사로잡혀 있던 지배층들은 영국에서 발명한 총과 산업 기계의 유용함을 제대로 이해하지 못하고 잔재주라고 생각했습니다.

영국의 과학사가인 조지프 니덤 Joseph Needham 은 저서 《중국의 과학과 문명 Science and Civilization in China 》에서 중국인이 발명한 화약을 총과 대포로 실용화할 수 없었던 이유는 기술 혁신 같은 새로운 것에 대한 잠재적인 불신이 있었기 때문이라고 서술했습니다.

유교적인 인습과 전통을 고집하는 중국인에게 새로운 것은 이상한 것, 전통을 파괴하는 것이었고 따라서 기피해야 했습니다. 건륭제가 영국에서 가져온 물건의 가치를 이해할 수 없었던 것은 이해하고 싶지 않아서였을 것입니다. 결국 유교적인 중화사상이 변혁의 기회를 빼앗았습니다.

건륭제는 1757년 외국 배가 최남단의 광저우만까지만 들어올 수 있게 제한하는 사실상의 쇄국정책을 취했고 중국의 근대화는 세계 열강보다 늦어졌습니다.

청의 붕괴 이후 1915년 북경대학교 문학부 교수이자 중국공산당의 창시자인 천두슈陳獨秀는 잡지《신청년新靑年》을 간행했고 이를 통해 문학자 후스胡適, 마르크스주의 학자 리다자오李大釗와 함께 유교를 봉건제의 원흉으로 부정하고 중국이 뒤처지게 된 가장 큰 요인으로 지적했습니다.

유교와
자본주의의 균형
•

자본주의는 자유경쟁 원리를 바탕으로 약육강식에 의해서 성립합니다. 경쟁에 따른 도태야말로 자본주의의 본질입니다. 회사원도 경쟁에서 살아남은 자만이 자본주의 사회가 필요로 하는 사람이라고 생각합니다.

자본주의에는 유교적인 연공서열과 종신고용 같은 발상이 없습니다. 유교적인 인과 예와 박애 사상도 없습니다.

국가가 민간 기업의 자유 경쟁을 막기 위한 규제를 만들고 경영 위기에서 도산에 직면한 기업을 구해주는 것은 자본주의 원리에서 인정되지 않습니다.

그러나 자본주의 원리를 순수하게 드러낸 사회라는 것이 있을 수 있는지 그리고 그 원리가 지속한 것인지 아닌지에 대한 큰 의문이 생깁니다. 미국에서조차 리먼 쇼크 이후 정부가 거액의 비용을 투자해서 경영파탄이 처했던 제너럴 모터스General Motors와 크라이슬러 Chrysler를 지원했습니다. 망할 것 같은 기업을 국가가 지원해주는 것은 어느 자본주의에나 있습니다.

자선적인 이유로 지원해주는 것은 아닙니다. 경제적인 이해가 그 바탕에 있습니다. 국가의 지원 자체는 외형적으로 강자를 구제하는 것이자 사회의 협조와 조화를 되돌리려는 시도입니다.

경제는 순수하게 경제 행위에 의해서만 성립되지 않고 얼마간의 논리 규범과 종교 규범이 필요합니다. 특히 경제 위기에 직면하면 이 점이 여실하게 나타납니다. 경제적인 선악의 가치 기준만으로 사회 현상 전부를 설명하는 것이 가능하지 않는 이상 인간은 논리와 종교에 따라 선악의 가치 기준으로 보충하려고 합니다.

20

이슬람의 근대화를 막은
금리의 부재

19세기 유럽 열강은 이슬람제국을 지배합니다. 유럽은 산업혁명을 이루고 근대 병기로 무장하고 세계로 진출했습니다. 왜 이슬람은 유럽처럼 근대화를 이루지 못했을까요?

근대화에는 정치 제도의 변혁이 필요합니다. 독재적인 방법이든 민주적인 방법이든 국가가 산업을 우선적으로 보호하고 합리적이고 주도적으로 인프라 정비에 투자해야 합니다. 그때 필요한 것이 정치와 종교의 분리입니다. 정치가 종교적인 구습에 둘러싸이는 일 없이 합리적인 목적을 위해서 역할을 다할 수 있어야 합니다.

그러나 이슬람교는 정교일치가 원칙이고 절대적인 신의 존재를 우선에 두고 사회를 통치합니다. 또 이슬람은 과학이나 학문을 통제하고 자유로운 학술 연구를 허락하지 않는 바람에 근대 과학을 흡수할 기회를 놓쳤습니다.

신이 정한 이슬람법으로 나라를 다스렸기 때문에 시대와 상황에 맞춰서 법과 제도, 사회 구조와 학술의 방향을 바꿀 수 없습니다. 이슬람에서는 '이즈티하드 Ijtihad'라는 말이 있습니다. 이 말 자체는 '노력'을 의미하는데 이슬람에서는 신학자들이 교의와 입법을 결정하는 행위를 뜻합니다.

7세기에 탄생한 이슬람교가 이슬람 세계에 급속하게 퍼져가는 가운데 이슬람법은 《코란》과 무함마드의 언행록인 《하디스 Hadith》를 바탕으로 해석되고 정의내려진 뒤 현실 사회에 적용 가능한 형태로 구성됐습니다. 이 구성을 이즈티하드라고 부릅니다.

약 300년간 다양한 범례를 모았고 10세기에는 이슬람법의 해석과 정의가 확립됐습니다. 이후 이슬람 세계에서는 선조들의 의견을 그대로 따르기로 하고 이 구성을 더 이상 바꾸지 않기로 결정했습니다.

이것을 '이즈티하드 문의 폐쇄'라고 부릅니다.

운명이 갈리는 길

·

이즈티하드의 문이 폐쇄된 이후 이슬람법은 시대에 따라서 변화하거나 운용될 수 없었고 경직되어 갔습니다. 이슬람 세계에서는 무함마드의 후계자인 칼리프가 왕조를 통치했습니다. 10세기에 칼리프의 힘이 약해지면서 지방 호족이 자립하기 시작했고 왕조의 지배가 약화됐습니다.

그러자 유력자들이 자기식대로 이슬람법을 해석하는 일이 횡행했습니다. 교의와 해석의 난립을 막고 통일적인 이슬람 체계를 구축하고 칼리프의 일원적인 통치권을 회복할 필요가 있었고 이런 정치적 배경 아래에서 인즈티하드의 문이 폐쇄된 것입니다.

동시대 유럽에서는 교황이 가톨릭으로 유럽을 지배했지만 지방 호족이 세력을 다투며 뿔뿔이 흩어져 있었기 때문에 교황은 처음부터 이슬람처럼 일원적인 통치권을 갖고 있지 않았습니다.

교의와 해석도 난립했지만 교황의 단속에도 한계가 있었습니다. 유럽은 중세시대에도 자유롭고 다양하게 신학을 해석하고 사상을 전개할 수 있었기 때문에 폐쇄된 이즈티하드의 문과 다르게 종교 율령이 경직된 모습으로 사회를 운영하는 것을 피할 수 있었습니다.

이것이 이슬람과 유럽이 다른 길을 걷게 된 큰 분기점이었다고 볼 수 있습니다.

무함마드 압두 Muhammad Abduh   **Must Person**

19세기 말에 활약한 이집트의 이슬람 사상가. 유럽의 기술을 받아들여 전통을 혁신하고 이즈티하드를 합리적으로 해야 한다고 주장했다. 이슬람부흥운동을 주도했던 알아프가니 **Jamal al-Din al-Afghani**와 함께 평론지 《풀리지 않는 끈al-Urwah al-Wuthqa》을 망명처인 파리에서 간행했다.

19세기 말 유럽이 이슬람 국가에 대한 지배를 강화하는 가운데 이슬람 사상가 무함마드 압두는 이즈티하드의 문을 재개해야 한다고 강하게 주장했고 근대적인 법 제도를 도입해서 부국강병을 이루고 유럽 열강에 대항해야 한다고 주장했습니다. 그러나 이미 때는 늦었고 이슬람은 개혁의 시기를 놓치고 맙니다.

왜 이자 징수를
인정할 수 없는가

•

이즈티하드의 문이 폐쇄되면서 근대화를 이루지 못했던 구체적인 예가 있습니다. 바로 금리 징수의 문제입니다. 이슬람교에서는 이자 징수가 금지되어 있는데 그 이유는 크게 5가지입니다.

첫 번째, 이슬람에서는 불로소득을 인정하지 않습니다.

두 번째, 투기를 인정하지 않습니다. 이자는 위기 관리에서 파생하는 것으로 일종의 도박성을 갖고 있습니다. 또 투기는 미지의 결과를 인간이 추측하는 것이기 때문에 미지와 미래를 결정하는 신에게 도전하는 일입니다.

세 번째, 이자는 돈을 다시 부자에게 가져다주기 때문에 부가 공정하게 분배되지 못하고 가난한 이들을 착취하는 원인이 됩니다.

네 번째, 이자는 일정한 시간이 지나면 발생합니다. 이슬람에서는 시간은 신의 것이고 그것을 돈으로 바꾸는 것은 신에 대한 모독입니다.

다섯 번째, 무함마드가 아라비아반도를 통일할 때 유대인에게서 돈을 빌렸습니다. 그때 유대인이 고액의 이자를 요구한 것에 대해 무함마드는 부당하다고 언급했습니다.

위의 5가지 이유로 이슬람에서는 이자가 금지되어 있습니다. 따라서 이슬람에서는 은행을 중심으로 한 금융 자본이 발생하지 않았고 근대 산업의 창업을 위한 자금을 제대로 조달하지 못했습니다.

반면 유럽에서는 17세기에 칼뱅이 모든 직업을 존중해야 한다고 주장했고 부지런히 일해서 얻은 이득은 신의 은혜라고 했습니다. 기존에 기피되던 이자 취득을 주요 업무로 했던 은행업도 사실상 인정받았고 칼뱅 이후에는 공기업으로 인지되어 근대적인 금융 자본이 발전하게 됩니다.

유럽의 움직임과 비교하면 이슬람에서 경제가 늦게 발전한 것은 명백합니다. 19세기 유럽 열강의 지배의 놓여 있으면서도 종교 율

이슬람의 근대화를 저해한 요인　　　　　　　**Must Affairs**

정치: 정교일치– 신학상의 지배 원리가 우선됐다.
사회: 봉건주의– 봉건 영주가 기득권 이익을 버리지 못하고 민주화를 탄압했다.
경제: 이자 징수 금지– 금융 자본이 발생하지 않았고 산업을 육성할 수 없었다.
민족: 다민족사회– 민족을 하나로 통합하기 어려웠다.
과학: 사상 통제– 이슬람 신학의 통제 아래서 자유롭게 학술을 연구할 수 없었다.

령의 속박 탓에 금융업을 시작하거나 산업을 일으킬 수 없었습니다.

문을 넘어서는
이슬람 금융

•

1960년대 이집트에서는 미트가무르Mit Ghamr 은행이라는 무이자 은행
이 창설됐습니다.

이 시대 이집트에서는 군사 정권이 경제 성장을 개발 독재라는
견인정책으로 이끌었기 때문에 통합된 자본금이 필요했습니다. 빈
곤층을 구제할 명목으로 창설된 미트가무르 은행은 실제로는 이슬
람 금융이 시작되는 첫 시도였습니다. 그 후 미트가무르 은행은 이
집트 독재자인 나세르Gamal Abdel Nasser의 이름을 따서 '나세르 사회 은
행'으로 바뀌었습니다.

이 움직임을 발단으로 1970년대에 두바이 이슬람 은행이 설립됐
습니다. 본격적인 이슬람 금융이 시작됐고 그 후 세계 각지에서 앞
다투어 이슬람 은행을 설립했습니다.

2001년 9월 11일에 발생한 미국 911테러로 미국 금융 기관에 맡
겨놓은 이슬람교도의 금융 자산이 일괄 동결되는 황당한 상황이 벌
어졌습니다. 이슬람교도는 금융 자산을 미국에서 빼냈습니다. 그
막대한 금융 자산을 받아들인 쪽이 이슬람 금융이었는데 이 일로 이

슬람 금융이 비약적으로 성장했습니다. 현재 이슬람 금융의 총 자산액을 1조 5,000억 달러로 추정하고 있습니다.

이슬람 금융은 이자를 금지하기 때문에 출자와 리스 배당 등의 기법을 조합해서 실질적으로는 이자에 상당하는 것을 제공합니다. 통상적인 금융과 큰 차이가 없는 금융 서비스를 제공합니다.

예를 들어 동남아시아 이슬람 국가인 말레이시아에서는 수쿠크sukuk라는 채권을 이슬람 금융으로 발행합니다.

경제 발전 가능성과 석유 수출로 벌어들인 오일머니로 이슬람 사람들은 풍요로운 소유의 유혹에 사로잡혔습니다. 부의 맛을 알게 된 사람들이 과거에 막혀 있던 이즈티하드의 문을 가볍게 돌파했습니다.

히얄hiyal　　　　　　　　　　　　　　　**Must Word**

히얄은 합법적인 계략을 의미한다. 실질적인 이자를 물건 거래나 배당처럼 보이게 해서 이슬람법에 저촉되지 않게 하는 방법을 히얄이라고 부른다. 일시적으로 결혼을 하고 매춘을 하면 간통죄가 면해지고 매춘이 합법화되는데 이것도 일종의 히얄이다. 이슬람에서는 다양한 방법으로 히얄이 행해지고 있다.

○

남의 돈에는 날카로운 이빨이 있는 법이다.

- 러시아 속담

Part 5

현대 :
하나로 움직이는 세계 경제와
그 배후

21

유대인이 움직이면
세계가 움직인다

안트베르펜은 세계 최대의 다이아몬드를 보유한 도시로 유명합니다. 현재 전 세계에서 거래되는 다이아몬드의 60퍼센트가 안트베르펜 공장에서 가공되고 연마된 것이며 매매 역시 이 도시의 다이아몬드 거래소에서 진행됩니다.

안트베르펜에서 다이아몬드와 관련된 사업을 하는 사람들은 유대인인데 그 인구가 약 1만 5천 명에서 2만 명 정도라고 합니다. 안트베르펜 중앙역 주변에는 다이아몬드 거래소, 연마소, 소매점이 있고 유대인들이 그곳을 왔다 갔다 합니다.

그곳엔 시나고그 Synagogue 라고 불리는 유대교 교회도 있습니다.

여러분이 만일 안트베르펜에 있는 유대인들을 본다면 그 기이한 모습에 깜짝 놀랄 것입니다. 검은 모자를 깊게 눌러쓰고 검은 옷을 입고 수염을 길게 길렀습니다. 빠른 걸음으로 이동하는 유대인의 모습을 보면 마치 비밀 결사의 밀사 같습니다. 안트베르펜은 유럽 중에서도 옛날부터 유대인이 많이 살았고 그들의 커뮤니티를 볼 수 있는 도시여서 '서방의 예루살렘'이라고 불릴 정도입니다.

유대인이 역사 속에서 박해를 받은 이유는 그들이 뿜어내는 비밀 결사 같은 폐쇄적인 분위기가 다른 사람들에게 소외감을 줬기 때문일 수도 있습니다.

15~16세기 인도에서 유럽으로 운반되어 온 다이아몬드는 주로 안트베르펜에 하역됐습니다. 그 다이아몬드를 유대인이 고가로 사들여서 연마하고 가공한 뒤 유럽 각지로 유통시켰습니다.

원래 다이아몬드 원석은 루비와 사파이어와 비교해 생산량이 많아서 희소가치가 높은 보석이 아니었습니다. 그러나 유대인이 독점적으로 다이아몬드를 사들여서 유통을 제한했고 다이아몬드가 희소한 보석처럼 보이도록 교묘하게 이미지를 조작했습니다.

유대인이 유대교 속에서 키워온 동포 의식이 유대인 신디케이트

드비어스 DE BEERS　　　　　　　　　　　　　　**Must Word**

1868년 남아프리카에서 다이아몬드 대 광맥이 발견됐고 영국은 남아프리카에 본격 진출했다. 식민지 총독인 세실 로즈 Cecil Rhodes 는 1881년 유대 재벌 로스차일드가의 자본으로 드비어스 광산 회사를 세웠다. 이 회사는 전 세계적으로 다이아몬드 광맥을 매수했고 19세기부터 오늘날에 이르기까지 다이아몬드 산업을 독점하고 있다.

(기업들이 하나의 공동 판매 회사를 설립해서 시장 지배력을 강화하는 독점 기업 형태-옮긴이)를 낳았고 생산과 가격을 카르텔로 묶어서 다이아몬드의 가치를 높였습니다. 유통 규제와 독점을 통해 과다한 것을 과소한 것으로 인공적으로 바꾸어 유대인은 막대한 이익을 올렸습니다.

로스차일드와
JP모건

•

유대인은 원래 이집트 동쪽 시나이반도에 거주했습니다. 지금으로부터 약 3천 년 전에 이집트 신왕국이 시나이반도를 공격했고 유대인은 시나이반도에서 쫓겨나서 팔레스타인으로 이주했습니다. 유대인은 팔레스타인에 히브리 왕국을 건국하고 기원전 10세기 다윗왕과 솔로몬 왕 시대에 전성기를 이뤘습니다. 초기에 번영을 누리던 히브리 왕국은 내부 분열로 세력이 약해졌고 주위 아랍인의 지배를 받게 됩니다.

기원전 1세기 로마제국이 건국되자 유대인은 로마인들에게 박해를 받고 각지로 뿔뿔이 흩어졌습니다. 이것을 디아스포라(Diaspora, 그리스어로 흩어진 사람들이라는 뜻. 팔레스타인을 떠나서 세계에 흩어진 유대인을 이르는 말-옮긴이)라고 부릅니다. 유럽으로 건너간 유대인은 당시 유럽에서 비천한 직업으로 여겨지던 대부업을 경영했고 이것이 유대인 금융 자본의 출발점이 되었습니다. 앞에서 서술한 다이아몬드 사업과 금융업을 유대인의 2대 비즈니스라고 합니다.

중세 유럽의 크리스트교 사회에서는 돈을 빌리고 이자를 받은 것이 죄악이었기 때문에 크리스트교도는 대규모의 금융업을 할 수가 없었습니다. 그러나 유대인들은 이자 징수가 가능했습니다. 다만 유대교들도 돈을 꿔가는 상대방이 유대인이 아니라 이방인인 경우에만 가능했습니다. 《구약성서》의 신명기 23장 20절에는 "타국인에게 꾸어주면 이자를 받아도 되지만 네 형제에게 꾸어주거든 이자를 받지 말라"라고 되어 있습니다.

이런 계율이 인정사정없는 고리대금업자라는 이미지를 낳았습니다. 셰익스피어의 희곡 《베니스의 상인The Merchant of Venice》에 등장하는 욕심 많은 유대인 고리대금업자 샤일록이 그런 이미지의 전형적인 예입니다.

로마시대부터 축적된 유대인들의 정보와 네트워크, 금융 기술이 근대 이후 거대 유대인 자본인 영국의 로스차일드와 미국의 JP모건을 만들어냈습니다. 영국과 미국에서 성공한 유대계 재벌은 양국의 정치에 큰 영향력을 갖게 됐습니다.

런던의 유대인 금융가 네이선 로스차일드Nathan Rothschild에 관한 유명한 일화가 있습니다. 1815년 워털루 전투(엘바섬을 탈출한 프랑스 나폴레옹의 군대와 영국의 웰링턴이 이끄는 동맹국 군대가 뷔뤼셀 근방의 워털루에서 싸운 전투-옮긴이)에서 영국이 프랑스 나폴레옹에게 이겼는지 졌는지에 따라서 영국 국채는 올라갈 수도 있고 폭락할 수도 있었습니다.

네이선은 유대인 네트워크를 이용해서 재빨리 영국군이 승리했다는 정보를 얻었고 영국 국채 값이 올라갈 것이라고 파악했습니다. 당시 로스차일드 가문은 정보 수집이 뛰어난 것으로 세간의 주목을 받았습니다. 네이선은 이를 역으로 이용해서 일부러 국채를 팔았습니다. 네이선이 국채를 팔고 있다는 사실을 알게 된 투자가들은 영국의 패전을 확신하고 일제히 국채를 팔기 시작했습니다. 사람들이 국채를 시장에 내다 팔기 시작하자 영국 국채가 폭락했습니다. 국채가 폭락한 지점에서 네이선은 다시 대량으로 국채를 사들였고 거액의 이익을 얻었습니다. 일련의 사건을 '네이선의 역매도'라고 부릅니다.

네이선 로스차일드 Must Person

1811년 NM 로스차일드 앤 선즈NM Rothschild & Sons를 창업하고 외환 거래 은행업과 공채 거래를 주로 해서 큰 성공을 거뒀다. 오늘날 NM 로스차일드 앤 선즈는 국제적인 투자 은행 업무와 M&A까지 폭넓게 다루고 있다.

금융 재벌 유대인이
박해받는 이유

•

장사 솜씨가 뛰어난 유대인은 각지에서 존경과 두려움의 대상이기도 했지만 동시에 박해와 차별을 받았습니다. 유대인 박해라는 오랜 역사 속에서 나치의 유대인 학살도 일어났습니다.

유대인은 나라를 갖지 못한 소수 민족이었습니다. 병력 수로는 강자에게 항거해서 이길 수 없습니다. 따라서 유대인은 타국에서 뿌리를 내려 돈을 모으고 경제력을 갖고서 힘을 키우려고 했습니다.

특히 영국처럼 18세기 이후 의회 제도 민주주의가 나타난 나라에 들어가서 돈을 모으고 권력을 잡았습니다.

유대인은 경제력뿐만이 아니라 지식과 학술도 중시했습니다. 유대인은 근면하기로 유명한데 유대인 자녀들은 어려서부터 스파르타식으로 철저하게 영재 교육을 받습니다. 유대인들은 자녀들에게 "책과 옷이 동시에 더러워졌다면 책부터 깨끗하게 하라"라고 가르칩니다.

미국의 거대 투자 은행   Must Word

골드먼삭스, 모건 스탠리 Morgan Stanley, 베어스턴스 The Bear Stearns Companies, Inc. 등 미국의 대형 투자 은행은 유대계이거나 유대계 색이 강합니다. 2008년 리먼 쇼크를 일으켰던 리먼 브라더스 Lehman Brothers도 유대계입니다. 또 리먼 쇼크 후 뱅크 오브 아메리카 Bank of America에 매수된 메릴 린치 Merrill Lynch도 유대계 투자 은행입니다.

엄청난 박해를 받았을 때 재산은 빼앗겨도 지식은 빼앗기지 않습니다. 유대인의 근면함은 많은 인재를 배출하고 있습니다. 유대인은 세계의 인구의 0.25퍼센트밖에 되지 않지만 노벨상 수상자는 약 20퍼센트를 차지합니다. 아인슈타인(물리학상), 보어Niels Bohr(물리학상), 베르그송Henri Bergson(문학상), 키신저Henry Kissinger(평화상) 사뮤얼슨Paul Samuelson(경제학상), 프리드먼Milton Friedman(경제학상) 등이 유대인입니다.

사람들은 사회적인 명성을 얻은 성공한 유대인을 선망하기도 했지만 동시에 미워하기도 했습니다.

특히 불경기로 세계가 폐쇄적으로 변하자 민족주의자들은 유대인을 비난과 공격의 대상으로 삼았습니다. 울분을 유대인에게 풀려는 민중의 마음에 정치가 편승을 해서 인기를 끄는 일이 반복됐습니다. 그 전형적인 예가 나치의 유대인 박해입니다.

1918년 제1차 세계대전이 끝나고 1929년 세계 공황이 오기 전까지 독일 기업 대부분이 유대계 금융의 지배를 받고 유대인 자본 산하에 있었습니다. 독일 기업은 나치 같은 민족주의 정당과 유착해서 반유대인 캠페인을 일으키고 유대인을 쫓아냈습니다. 그렇게 유

나치　Must Word

히틀러가 주도한 나치는 정식으로 '국가사회주의 독일노동정당'을 줄인 말이다. 노동자들의 지지와 표를 얻기 위해서 외견상으로는 사회주의를 간판으로 내걸었다. 그러나 본질적으로 나치당은 군수 재벌과 독일 거대 화학 복합 기업인 이게 파르벤IG Farben 등의 대형 회사들과 유착한 극단적인 자본주의 정당이었다.

대계 자본으로부터 빌린 거액의 채무를 없애려고 했습니다.

또 이런 민족주의는 해외 진출을 꾀하려는 독일 기업에게 기회를 제공했고 자국민 우월 사상에 따라서 타국민의 지배를 정당화하기 위한 명목으로 이용됐습니다.

자금 획득을
우선한 영국

•

16세기 이후 강대했던 오스만제국은 과거 히브리 왕국이 있던 유대인의 땅 팔레스타인을 지배했습니다.

그러나 19세기 오스만제국이 약해지면서 유대인들이 팔레스타인을 되찾으려고 움직였습니다. 특히 유럽에 살고 있던 유대인들은 시오니즘 운동을 일으켰습니다. 시온은 예루살렘을 가리키는 오래된 호칭으로 약속의 땅 팔레스타인을 의미하는데 유대인들은 디아스포라의 삶을 끝내고 팔레스타인으로 귀환해야 한다고 생각했습니다.

제1차 세계대전에서 영국은 독일과 그 동맹국인 오스만제국과 싸웠고 고전했습니다. 전쟁 자금 조달이 어려웠던 영국은 유대인 재벌 로스차일드에게 지원을 요청했습니다. 영국은 자금을 지원받는 대가로 팔레스타인에 유대인의 나라를 건국할 것을 약속했습니다. 1917년 영국 외무장관 아서 밸푸어 Arthur Balfour 가 영국유대인협회장 로스차일드 경 앞으로 팔레스타인에 유대인을 위한 민족국가를 수립하는 데 동의한다는 서한을 보낸 것입니다. 이를 밸푸어 선언이라고 합니다.

제1차 세계대전이 끝난 뒤 영국이 팔레스타인을 점령하고 통치했습니다. 영국 주도로 유대인이 팔레스타인으로 이주했고 유대인 국가가 건설되었습니다.

유대인이 들어오면서 팔레스타인 사람인 아랍인이 쫓겨났습니다. 화가 난 아랍인은 유대인과 무력으로 충돌했고 팔레스타인 지역은 대혼란에 빠졌습니다.

영국은 유대인을 팔레스타인으로 이주시키면 현지 아랍인과 대립이 생기고 많은 사람들이 피를 흘릴 것이라는 것을 처음부터 알았습니다. 그러나 전쟁 자금이 필요했기 때문에 어쩔 수 없었습니다. 사실 전쟁은 자금 조달 전쟁이기도 합니다. 자금이 바닥을 드러낸 쪽이 지는 것입니다. 영국이 제1차 세계대전에서 싸웠던 독일은 20세기에 들어와서 중화학 공업으로 눈부신 발전을 이뤄서 자금이 풍부했습니다.

전쟁에서 지면 국가가 붕괴됩니다. 영국만 그런 것이 아니라 어떤 나라든지 전쟁에서 이기기 위해서라면 수단을 가리지 않습니다. 영국은 유대인의 요구를 들어주고 눈앞의 자금을 획득하는 것을 우선으로 했습니다.

돈으로 만든 약속의 땅
팔레스타인

·

유대인이 팔레스타인으로 이주함으로써 유대인과 아랍인의 격렬한 분쟁이 시작되었습니다.

그러나 영국은 국제 여론이 분쟁의 씨앗을 만든 자신들을 맹렬하게 비난할 거라고는 예상하지 못했습니다.

당시에 이미 전신 미디어가 발달했기 때문에 보도 기관은 세계 곳곳에서 일어나는 일을 순식간에 세계로 전할 수 있었습니다. 비판을 받은 영국은 당황해서 사태 수습에 들어갑니다. 영국은 유대인의 팔레스타인 이주를 제한하고 팔레스타인에 있는 유대인이 세력을 확대하는 것을 막음으로써 아랍인과의 충돌을 완화하려고 했습니다. 그러나 애초부터 유대인과 아랍인의 충돌은 피하기 어려운 것이었고 영국도 손을 댈 수 없는 상황에 이르렀습니다.

제1차 세계대전 후 미국의 영향력이 강해지고 반대로 영국의 영향력이 약해지는 가운데 유대인은 미국이 적극적으로 움직이길 바랐습니다. 제2차 세계대전이 시작되고 나치의 유대인 박해가 본격화하면서 유대인은 미국에 지원을 요청합니다. 유대인은 미국에서 로비 활동을 했고 미국 루스벨트 정권에 거액의 자금을 지원했습니다. 그 대신에 전쟁이 끝나면 팔레스타인에서 정식 유대인 국가를 건국하는 데 지원할 것을 약속받았습니다.

이렇게 해서 제2차 세계대전 후 드디어 유대인 국가 이스라엘이 건국됩니다.

한편 아랍인은 주변 지역으로 강제로 쫓겨납니다. 유대인과 아랍인과의 분쟁이 본격화했고 그 분쟁이 오늘날까지 계속되고 있습니다. 현재 전 세계의 유대인 총 인구는 약 1,300만 명이고 이스라엘에

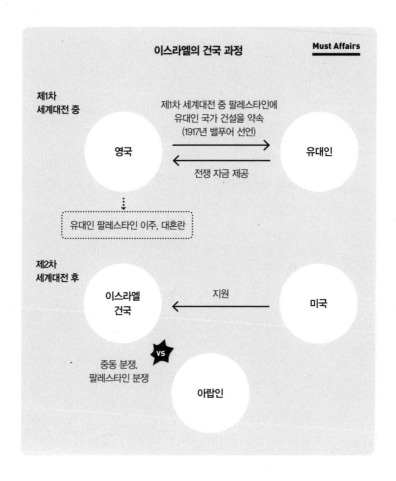

살고 있는 유대인은 약 420만 명입니다.

현재 중동은 IS의 세력 확대로 혼란에 빠져 있습니다.

IS는 이라크와 시리아를 지배하고 있습니다. 그 서쪽인 팔레스티나 지역에서도 IS에 따른 혼란으로 인해 유대인과 아랍인이 더 격렬하게 대립하고 있습니다.

2014년 7월 이스라엘군이 팔레스타인의 가자 지구를 침공했습니다. 이스라엘군은 이슬람 원리주의 조직인 하마스HAMAS와 격렬하게 전투했고 연일 다수의 사상자가 나왔습니다.

과거 예언자 모세가 유대인을 이끌고 간 약속의 땅 팔레스타인. 그 땅에서의 안식은 쉽게 실현되지 않을 것 같습니다.

현대 : 하나로 움직이는
세계 경제와 그 배후

22

마지막 남은 거대 시장, 이슬람

현재 세계 인구의 비율을 종교별로 정리해보면 1위가 크리스트교로 32퍼센트이고, 2위가 이슬람 23퍼센트, 3위가 힌두교 15퍼센트, 4위가 불교 7퍼센트입니다. 중동, 아프리카, 인도네시아, 말레이시아 등 이슬람 국가는 세계 인구의 약 4분의 1을 차지하는데 이 19억 명 인구의 시장 규모가 3,000조 원에 달한다고 합니다. 이슬람 시장에는 큰 사업의 기회가 잠재해 있습니다.

이슬람교도는 2030년에 약 22억 명으로 세계 인구의 26퍼센트를 차지하고 2050년에는 30억 명에 이를 것이라고 합니다. 그때는 세계의 3분 1이 이슬람교도가 되는데 분명 국제 사회에서의 존재감이 높아질 것입니다.

이슬람 각국은 연대 강화, 경제 협력 등을 위해서 1971년 이슬람 회의기구Organization of the Islamic Conference를 창설했고 2011년 정식 명칭을 이슬람협력기구Organization of Islamic cooperation로 바꿨습니다. 현재 57국이 참가하고 있는 이 기구를 매개로 이슬람권 각국이 자유무역협정과 특혜관세협정을 맺고 역내 관세율을 점차 낮추고 있습니다.

이슬람협력기구는 유럽연합처럼 공동체를 목표로 하지 않고 어디까지나 각국의 주권을 존중하는 느슨한 연대를 도모하고 있습니다. 그러면서도 이슬람 지역 전체에 자유무역협정 네트워크를 만들고 대규모의 협조 경제권을 구축하는 것을 목표로 하고 있습니다.

현재 비이슬람 국가를 방문하는 이슬람교도의 수도 급증하고 있습니다. 비이슬람 국가를 방문할 때 그들은 무엇보다도 먹는 문제로 괴로워합니다. 이슬람교 계율에서는 부정한 것이라고 해서 돼지고기와 술이 들어간 식품을 입에 대는 것을 금지합니다. 돼지유래 성분과 알코올 등 금지 식품을 조리했던 조리 기구를 사용하는 것도 허락하지 않습니다.

따라서 이슬람교도를 위한 할랄HALAL 인증 제도가 생겼고 최근 여러 나라에 보급되고 있습니다. 할랄 인증 제도는 식품 등에서 이슬람교도가 금지하는 것을 제3자 기관에서 인증하는 제도입니다. 이 인증을 받으면 할랄 마크를 부착할 수 있습니다. 할랄은 합법적인 것이라는 의미의 아랍어입니다.

이슬람 사람들을 상대로 사업을 하려면 이처럼 그 문화를 반드시 이해해야 합니다.

태평양의 핵심 경제국
말레이시아

•

일본인들이 정년퇴직 후 살고 싶은 나라로 꼽는 첫 번째 나라가 말레이시아입니다. 실제로 많은 일본인이 거주 비자를 획득해서 말레이시아로 이주하고 있고 수도 쿠알라룸푸르 근교에는 은퇴자 일본인 커뮤니티도 있습니다. 물가가 싸고 먹을 것이 풍부하고 자연이 아름답고 치안도 좋아서 거주하기에 최고의 나라입니다.

말레이시아는 국민 절반이 경건한 이슬람교도입니다. 말레이시아 사람들은 외국인을 너그럽게 대하고 친절하며 일본인과 친한 사람들도 많습니다. 근대화되고 정연하게 구획된 쿠알라룸푸르 거리를 걸어가면 정해진 시간에 《코란》 노래가 방송되고 사람들이 무릎을 꿇습니다. 말레이시아가 이슬람교 국가인 것을 실감하는 순간이지요.

말레이시아는 석유가 나오지 않지만 안정적으로 높은 경제 성장을 이루고 있습니다. 1981년 수상으로 취임한 마하티르 모하맛 Mahathir Mohamad 는 22년 동안 장기 집권을 하면서 여러 가지 개혁을 단행했습니다. 이슬람교의 정신적인 부분과 물질적인 경제 성장이 같이 갈 수 있도록 제도와 법률을 재정비했습니다. 일본과 한국을 모델로 경제를 성장시키는 룩이스트look-east 정책을 펼쳤습니다.

또 국산 자동차를 구상해야 한다고 생각해서 일본 미쓰비시의 자동차 기술을 도입한 뒤 국산 차 제조사인 프로톤(PROTON, 말레이어 Perusahaan Otomobil Nasional Sendirian Bhd의 몇 글자를 떼어 조합한 말로 해석하면 국산 자동차 제조 회사라는 의미이다-옮긴이) 설립을 전면에서 지원했습니다. 항만을 정비하고 공항과 철도 등 각종 교통 인프라 설치하면서 말레이시아의 경제는 급성장했습니다.

말레이시아는 스쿠크라고 불리는 이슬람 채권을 발행했고 쿠알라룸푸르는 이슬람권 투자 머니의 현관문이 되었습니다. 1980년대와 1990년대에 세계 이슬람 금융 중심지로서 역할을 다했습니다. 중동의 오일머니도 왔다 갔다 하면서 말레이시아 경제는 더욱 성장했습니다.

말레이시아는 이슬람권과 아시아 태평양 지역을 연결하는 세계 경제의 핵심 기능을 가진 국가로서 큰 의미를 갖게 되었고 앞으로도 주목받을 것입니다.

마하티르 모하맛   Must Person

말레이시아 제4대 총리. 개업의에서 정치가로 전향했다. 서양 국가만이 아니라 일본과 한국의 경제 성장을 보고 배우려는 룩이스트를 전개했다. 1981년부터 2003년까지 장기간 정권을 잡았고 강력한 리더십으로 말레이시아 국력을 비약적으로 키웠다.

끝을 모르는
아랍의 경제력

•

이슬람 금융이 세계로 뻗어가고 있는 가운데 그중에서도 성장이 가장 두드러진 거점이 있습니다. 바로 아랍에미리트(아부다비, 두바이, 샤르자, 아즈만, 움알카이와인, 라스알카이마, 푸자이라의 7개국이 연방을 결성하여 독립했다-옮긴이) 국가 중 하나인 두바이입니다. 2010년에 완공된 두바이에는 세계에서 가장 높은 건물인 부르즈 할리파가 있습니다. 이 고층 빌딩은 높이 828미터 지상 162층입니다. 1~37층에는 세계 최초로 알마니 호텔이 들어갔고 그 상층은 최고급 아파트와 사무실로 되어 있습니다.

현재 부르즈 할리파를 초월하는 초고층 빌딩인 두바이 시티 타워가 건설되고 있습니다. 이 건물은 높이 2400미터, 지상 400층으로 2025년에 완공될 예정입니다. 바다로 나온 타워 토대의 일부는 쿠르즈 선의 정박지가 된다고 합니다.

고대 메소포타미아(현 이라크)에서는 지구라트(층계가 있는 피라미드 형태의 종교 건축물-옮긴이)라고 불리는 장려한 높은 탑을 벽돌로 지었고 그곳에서 종교 제사를 지냈습니다. 하늘을 향해서 뻗은 탑을 옛날이나 지금이나 인간은 동경합니다.

지구라트를 보면 고대 메소포타미아의 건축 기술은 진보적이었습니다. 그 서쪽에서 사는 팔레스타인 유대인에게는 이런 기술이 없었기 때문에 그 장엄한 건축물을 질투했을 가능성이 있습니다. 《구약성서》 창세기에는 아래와 같은 내용이 있습니다.

> 인류는 노아의 대홍수 후에 바빌론(현 이라크 남부) 땅에 이주하고 벽돌로 탑을 건설해서 그 꼭대기를 하늘까지 닿게 하려고 했다. 신이 이것을 보고 그때까지 하나였던 인류의 언어를 혼란스럽게 했고 인간은 서로 소통할 수 없게 됐다. 이 탑을 바벨탑이라고 한다.
>
> - 창세기 11장 내용 요약

바벨 Babel은 혼란을 뜻하는 말인데 《구약성서》의 이 내용은 신의 영역을 노리는 인간의 방만을 경계하라고 가르칩니다.

그러나 높은 곳에 오르려는 것은 인간의 잠재 욕구인지도 모릅니다. 부르즈 할리파와 두바이 시티 타워는 현대판 바벨탑인지도 모릅니다. 둘 다 상상 초월하는 아랍의 경제력을 보여줍니다.

두바이는 금융으로 국력을 기르기 위해 금융 시스템을 확충하고

두바이 금융 쇼크 **Must Word**

2008년 리먼 쇼크 이후의 투자금을 회수하고 개발 물건의 매출이 격감하면서 두바이 부동산 가격이 급락했다. 두바이 홍보 프로젝트를 관리하고 감독하는 투자 회사인 두바이 월드의 자금 조달이 악화되어 채무 상환이 정체했다. 아랍에미리트의 중앙은행이 자금을 공급하면서 사태는 진정됐다.

있고 중동의 자금만이 아니라 서구의 자금까지 불러들이고 있습니다. 두바이 정부는 2004년에 두바이 국제금융센터 DIFC를 설립하고 센터 안을 경제 특구로 지정했습니다. 센터에는 세계 금융 기관이 300개 이상 입주했고 중동 최초의 원유 선물 거래소인 두바이 상업 거래소 DME와 두바이 금융거래소 DFM가 들어와 있습니다.

이슬람 금융과
연계하는 영국

•

이슬람 경제와 금융에 적극적으로 관여하는 선진국이 바로 영국입니다. 2004년 영국은 이슬람계 은행업을 전문으로 하는 영국 이슬람 은행 Islamic Bank of Britain과 유럽 이슬람 투자 은행 European Islamic Investment Bank의 설립을 인하하고 이슬람 금융과 연계해서 오일머니를 유입하려고 하고 있습니다. 이런 본격적인 금융 연계 정책은 선진국 최초의 시도입니다.

또 영국은 자국 내 이슬람 금융 서비스의 세제 우대 범위를 확대하고 대담한 규제 완화책을 내세웠습니다. 예를 들어 이슬람 채권인 스쿠크를 일반 채권과 똑같이 교환권 형태의 이자를 포함하는 증권으로 봅니다.

이자 징수를 금지하는 이슬람에서는 채권에서 파생되는 이자를 이자라고 하지 않고 우회적으로 배당과 리스료 등으로 전환합니다. 명목상으로만 이자 거래를 하지 않습니다.

선진국의 법률에서는 이런 전환도 실질적인 이자라고 여기고 과세 대상으로 봅니다. 다른 채권에서는 낼 필요가 없는 양도세와 취득 및 등록세 등 각종 세금이 붙게 되는 것입니다. 이것을 이슬람 쪽에서는 인정할 수 없어서 이슬람 채권을 발행할 수 없었습니다.

영국에서는 이슬람 채권에서 파생되는 실질 이자를 비과세하는 우대 조치를 강구해서 이 문제를 해결했습니다. 2014년 영국에서 영국판 스쿠크가 발행되었습니다.

일본에서도 이슬람 채권의 실질 이자를 해외 거래자 사이에 한해서 비과세하는 우대 조치를 하고 있고 이미 법이 정비되어 있습니다. 그러나 이러한 우대는 말레이시아에서 일본 은행이 이슬람 채권의 판매를 청부할 때뿐이고 일본판 이슬람 채권은 아직 발행되지 않았습니다.

이슬람 금융과 연계한 경험이 적은 일본 기업은 채권 발행 노하우가 부족하다고 합니다. 그러나 앞으로는 이슬람 금융과 포괄적으로 연대를 강화하길 바라고 있습니다.

오일머니의 주인은
따로 있다

·

이슬람 경제의 눈부신 발전에도 그늘에 남겨진 사람과 지역이 있습니다. 이슬람 세계가 발전하면 할수록 경제 격차는 커져 갑니다. 경직된 분배로 부가 구석구석까지 균형 있게 가지 않습니다. 이런 구조적인 문제 가운데 안팎에서 많은 분쟁이 생기고 있습니다.

2001년 뉴욕 9.11 테러와 2003년 이라크 전쟁 이후 미국은 후세인 정권을 무너뜨렸습니다. 2010년 말 튀니지에서 아랍의 봄이라는 민주화 운동이 일어났고 젊은 사람들이 페이스북과 트위터로 연대해서 독재정권을 쓰러뜨렸습니다.

민주화 운동은 2011년 이집트에 전해져서 약 30년에 걸쳐 장기 집권을 한 호스니 무바라크Hosni Mubarak 대통령이 사임하기에 이르렀습니다. 또 같은 해 2월 리비아에도 전해져서 시민군과 정부군이 대규모로 충돌했고 결국 반세기에 걸친 독재정권이 붕괴했습니다. 지도자 무아마르 카다피Muammar Gaddafi는 시민군에 체포되어 맞아 죽었습니다.

그 후에 아랍의 봄은 알제리, 예맨, 요르단, 시리아 등 다수의 이슬람 국가로 전해져서 소란을 일으켰습니다.

그리고 2014년 본격적으로 IS가 세력을 확장하면서 팔레스타인의 분쟁이 격화되었습니다. 이슬람 경제의 화려한 비약에는 분쟁과 테러가 끊이지 않는다는 이미지가 선행합니다.

이슬람에서 테러가 끊이지는 않는 원인으로 테러리스트를 낳는 온상인 빈곤이 있습니다. 가난한 사람들은 과격파 조직을 쉽게 받아들이고 원리주의의 세뇌를 받아 테러를 일으킬 수 있습니다. 풍요로운 생활을 보장받는 환경에서는 테러리스트나 과격파가 자라나기 어렵습니다.

이슬람 세계의 권력자와 위정자 대부분은 석유를 독점하고 가난한 국민들에게 혜택을 주지 않고 학교와 병원과 도로를 만들지도 않습니다. 학교가 없기 때문에 이슬람 세계 사람들 대부분이 아직까지 문자를 읽지 못합니다. 병원이 없기 때문에 어린이 사망률이 높습니다.

석유 자원이 풍부한 이슬람 세계가 석유 자원이 없는 선진국과 비교해서 가난한 것은 이상한 일입니다. 그것은 수탈적인 독재정권이 석유 이익을 독점하고 있기 때문입니다.

또 그런 구조를 허용하고 석유를 싼값에 안정적으로 손에 넣으려는 선진국들에도 책임이 있습니다. 선진국은 산유국의 특권자들만 부의 혜택을 누리는 것을 방관하고 있는 셈입니다.

결국 나쁘게 이야기하면 선진국은 산유국의 특권자들을 길들여서 싼값에 석유를 팔게 했습니다.

만일 선진국이 지금의 10배 가격으로 석유를 산다면 반드시 산유국의 하층민에게까지 그 이익이 침투할 것입니다. 학교와 병원도 건설될 것입니다.

그러나 선진국은 싼값으로 석유를 사서 풍요로운 생활을 향유하고 있습니다. 그 점에서 보면 선진국 또한 수탈 구조 속 착취자일 뿐입니다.

이슬람 사람들을 빈곤과 곤궁으로 몰아넣은 가장 큰 원인은 선진국들이 인식할 수 없는 기만에 있는지도 모릅니다.

23

애덤 스미스에게 배우는
경제, 인간, 종교

근대경제학의 창시자이자 경제학의 아버지로 불리는 애덤 스미스Adam Smith는 '보이지 않는 손'이라는 유명한 말을 남겼습니다. 이 말은 그의 저서 《국부론An Inquiry into the Nature and Causes of the Wealth of Nations》제4편 2장에 딱 한 번 나옵니다.

스미스는 시장 경제에서 개개인이 자기의 이익을 추구하면 결과적으로 사회 전체의 이익이 최대가 된다고 주장했습니다. 예를 들어 어떤 사람이 이익을 얻기 위해서 양질의 생산물을 만들었다고 가정해볼까요? 그 생산물을 구입한 사람은 좋은 제품을 얻어 만족할 것입니다. 즉 생산자는 이익을 얻고 구매자는 필요한 물건을 얻습니다. 이처럼 개인들의 개별적인 이익을 추구한 결과 전체의 이익이 형성됩니다.

또 자본주의 사회에서 자본가의 사업 의욕은 노동자에게 고용을 가져오고 소비자에게 부가가치가 높은 상품을 가져옵니다.

개인이 이익을 추구하는 것이 이기적으로 보일 수 있지만 스미스는 보이지 않는 손이 사회 전체의 이익이 올라가도록 이끌어준다고 주장했습니다.

스미스에 의하면 보이지 않는 손은 가격 메커니즘을 작동시키고 수요와 공급을 자연스럽게 조절해서 시장에서 자원이 최적으로 배분되게 한다고 합니다.

그러나 보이지 않는 손은 책에서 딱 한 번 나올 뿐인데 어떻게 이 정도로 유명해졌을까요? 크리스트교도에게 이 말은 종교적인 울림을 줍니다. 크리스트교는 종말에 대해서 신도들에게 '신의 보이지 않는 손'이 구제해서 천국으로 간다고 가르칩니다.

스미스의 보이지 않는 손은 크리스트교의 사상으로 경제 사회를 조화롭게 만드는 시도로 비춰졌습니다. 다만 《국부론》의 보이지 않는 손에는 '신의 of God'라는 말은 없습니다. 그냥 '보이지 않는 손'이라고만 되어 있습니다.

자유주의 규칙

•

애덤 스미스는 경제에 보이지 않는 손이라는 자율 신경 기능이 있고 이 기능 덕분에 각 개인이 이익을 추구할 때 사회 전체와 조화를 이룰 수 있다고 주장했습니다.

그러나 국가가 경제 활동을 규제하려고 개입하면 이 기능이 손상되어 경제 활동이 왜곡될 수 있습니다. 따라서 스미스는 자유주의가 중요하다고 반복해서 설명했습니다.

자유주의 아래에서 이익을 얻고 경쟁하면 사람들이 사리사욕을 채우기 위해서 내달리지 않을까요? 그러나 스미스는 자유주의가 대립과 분쟁의 원인이 되지 않는다고 이야기했습니다. 앞에서 서술한 것처럼 스미스는 경제적인 관점에서뿐 아니라 논리적인 관점에서 이 지점을 설명했습니다.

스미스는 《국부론》을 발표하기 17년 전인 1759년에 《도덕감정론》이라는 논리철학서를 저술했습니다.

《도덕감정론》에 따르면 인간은 이성적인 판단력으로 적대적인 경쟁을 억누를 수 있습니다. 만일 지나친 경쟁으로 사회에 혼란을 일으키는 사람이 나타나면 사회가 그 사람을 제어할 수 있습니다.

《도덕감정론》에는 아래와 같은 유명한 구절이 있습니다.

"부와 명예와 출세를 목표로 하는 경쟁에서 그는 모든 경쟁자를 쫓아
내기 위해 가능한 힘을 다해 달려도 좋고 모든 신경과 근육을 긴장시
켜도 좋다. 그러나 그가 만일 그들 가운데 누군가를 밀어제치거나 넘
어뜨린다면 관찰자들은 관용을 완전히 종료한다. 그것은 페어플레이
의 침범이고 관찰자들이 그 침범을 허락하지 않을 것이다."

스미스가 말하는 관찰자는 사람이 아닙니다. 바로 사람들에게 일
반적으로 공유되는 양심 같은 것을 '마음속의 공평한 관찰자'라고 표
현한 것입니다. 이 관찰자는 사회에 해를 가져오는 것과 유익한 것
을 판별하고 공정함과 정의의 일반 원리를 도출합니다.

이 일반 원리가 타인의 생명, 신체, 재산, 명예를 침해할 수 있는
언행과 행동을 지탄하고 사회의 질서를 지켜준다고 했습니다. 또
이 일반 원리에 의해서 타인의 이익을 촉진하는 언행과 행동은 칭찬
을 받습니다.

스미스는 인간 안에 있는 이성과 양심의 존재를 시인하면서 보이
지 않는 손에 의해서 이끌어지는 자유주의 경제와의 수준 높은 조화
를 설명하려고 했습니다.

신을 부정하는 이성

•

자유주의와 자본주의에서는 공정함이야말로 가장 중요한 규칙입니다. 무엇이 공정하고 무엇이 공정하지 않은지에 대한 기준은 짧은 시일안에 정해진 것이 아닙니다. 스미스가 말한 것처럼 마음속의 공평한 관찰자와 맞아야 하고 역사적인 합의를 거쳐야 합니다.

일본은 메이지시대에 근대 자본주의를 하나의 패키지처럼 통째로 들여왔기 때문에 그런 과정을 경험하지 않았습니다. 그 때문에 그 과정이 어떠한 것이었는지를 알려는 노력을 꼭 해야 합니다. 기업이나 경제 활동이 사람들에게 칭찬을 받고 유리한 이미지 전략을 전개할 수 있을 때, 그것이 어떤 기준에서 공감을 얻었는지 근원을 밝혀내면 전략을 폭넓게 응용할 수 있습니다.

스미스는 18세기 계몽주의 시대의 학자입니다. 이 시대에는 왕정이 있었고 왕권과 유착한 일부 특권 귀족과 특권 상인들이 모든 이권을 독점했습니다. 혜택을 받지 않은 일반 대중은 무거운 세금에 괴로워했고 억압받았습니다. 교육을 받지 않았고 무지했기 때문에 소작인과 단순 노동자로서 일했고 착취를 당했습니다. 계몽사상은 일반 대중이 무지를 깨닫고 이성을 자각하게 함으로써 일부 특권자 계급이 좌지우지하는 폐쇄적인 사회를 깨뜨리려고 했습니다.

몽테스키외Montesquieu, 볼테르, 로크, 루소 등의 계몽 사상가는 중세시대 이후로 미신과 종교적인 습관에 속박되어 있던 대중을 이성과 합리 정신에 눈을 뜬 근대적인 인간으로 성장시키는 것을 목표로 했습니다. 대중의 자립으로 특권 계급만을 위한 사회를 해체하려고 했고 특히 종교가 인간을 추락시킬 수 있다는 생각으로 종교를 적대시했습니다.

스미스도 넓은 의미에서는 계몽주의 사상가에게 속합니다.

계몽주의 사상의 핵심은 인간에게 이성이 있다는 것입니다. 이미 17세기에 이런 흐름이 시작됐습니다. 유명한 프랑스 철학자 데카르트 René Descartes 는 저서 《방법서설 Disours de la Metode》에서 "나는 생각한다. 고로 존재한다"라고 말하며 사상 처음으로 이성이라는 것을 정의했습니다.

데카르트는 인간에게 있는 이성으로 선이 무엇인지 알 수 있다고 했습니다.

이성은 본래 무엇이 선이고 무엇이 악인지를 또는 무엇이 진리이고 무엇인지 위선인지를 분명하게 알고 있다고 데카르트는 설명합니다. 스미스가 말하는 마음속의 공평한 관찰자도 마찬가지입니다.

데카르트와 스미스가 살아온 17~18세기에 과학이 크게 발전했

르네 데카르트 **Must Person**

데카르트의 이성주의는 당시의 신학자들로부터 무신론을 퍼뜨리는 위험한 사상이라고 비판받았다. 데카르트는 교묘하게 신을 부정하는 논리로 연결되지 않게 하면서도 자연과학과 수학적 방법을 중시하는 세계관을 추구했다.

는데 이때부터 크리스트교에 기초한 세계관이 부정되고 인간 이성이 세계의 진실을 명확하게 한다는 근대 사상이 시작되었습니다.

종교적인
존재라는 숙명

•

근대 사상가들이 외친 이성은 선천적인 것으로 배우거나 훈련으로 길러지는 것이 아니었습니다. 강도 짓은 다른 사람을 다치게 하는 나쁜 일이라는 것을 인간 이성은 미리 알고 있습니다. 정말로 미리 알고 있는지는 논의가 필요한 별도의 문제이지만, 일단 근대 사상가들은 인간 안에 선악의 판단 기준이 확실하게 존재한다고 봤습니다.

그렇다면 인간은 어떻게 이성을 갖게 된 것일까요? 사회를 조화롭게 만드는 이성을 인간이 갖고 있다면 도대체 누가 그런 선천적인 것을 인간에게 주었고 근원적으로 사회 질서를 지키고 있는 것일까요?

결국 이 물음에 답하는 것 자체가 종교의 영역입니다. 인간의 정신 구조는 이성이라는 선한 성품으로 설계되어 있습니다. 그렇게 설계한 것은 역시 신이라는 존재일 수밖에 없습니다.

그렇게 설계되어 있지 않는 인간도 있지만, 인간 이성이 법적인 구속력 행사를 인정하고 그런 인간을 배제하면서 사회 질서를 유지할 수 있습니다. 공정함과 정의를 찾는 인간 이성은 그런 기능을 담당하고 있습니다.

우리들은 마음속으로 도리에 어긋나는 나쁜 마음을 다양하게 품고 있지만 이를 억제하고 적어도 외형적으로는 공정함과 정의에 따라서 행동하려고 합니다. 이런 심리작용이 많든 적든 간에 모든 인간이 그러합니다.

선한 이성이 작동하고 사회가 일정 차원에서 조화를 유지하는 것은 신의 보이지 않는 손이 위대한 힘을 발휘하고 있기 때문인 것입니다. 인간 존재와 사회 존재의 근원은 신앙의 문제와는 별개로 신이라는 초월자를 전제로 하지 않으면 설명이 되지 않는 부분이 너무나도 많습니다.

여하튼 인간이 이성을 발휘한다고 하더라도 인간과 사회를 저절로 공정함과 정의로 이끄는 신의 보이지 않는 손을 누구도 부정할 수 없습니다.

신이라는 초월자와 그 위대한 힘을 느끼고 경외하는 것은 종교적인 신앙이 있든지 없든지 인간인 한 피할 수 없는 것입니다. 그런 의미에서 인간은 본질적으로 또는 숙명적으로 종교적인 존재입니다.

종교에 귀결하는
경제와 인간

•

애덤 스미스는 경제 발전의 목적이 빈곤층의 수를 줄이는 것이라고 설명했습니다. 경제가 발전하는 사회에서는 고용이 늘어나고 실업난이 해소됩니다. 사업가가 실업자를 고용해서 임금을 지급하면 그들은 소비가 가능해지고 소비자로서 시장에 참여할 수 있습니다. 이것이 바로 경제가 가져오는 호혜성입니다.

스미스는 《도덕감정론》에서 빈곤이 인간을 불행하게 하는 주요 원인이라고 서술합니다. 마음의 평안을 얻기 위해서는 경제적인 풍요로움이 필요하다고 말합니다. 그러나 가난한 사람들에게 베풀어서 그들을 구제해도 그들의 자존심까지 구제할 수 없습니다.

스미스는 가난한 사람들을 구제하는 것이 필요한 것이 아니라 그들에게 일을 주는 것이 필요하다고 서술합니다. 일을 함으로써 사회에 공헌할 수 있고 자신이 사회에서 필요하다는 자각을 하면 인간의 자존심을 구제할 수 있습니다.

자존심이 충만한 인간은 공정함과 정의를 표방하는 마음속의 공평한 관찰자에 적합하고 타인을 믿고 타인에게 주기도 하고 또 받기도 합니다. 서로 필요한 것을 교환하고 서로 돕는 호혜적인 관계를 쌓을 수 있는 사회적 존재가 됩니다.

스미스는 자본주의에는 물질적인 조화만이 아니라 정신적인 조화에 이르는 기능이 있다고 설명합니다. 경제 활동을 통한 호혜 관계야말로 신이라는 초월자가 인간에게 부여한 이성의 증거이고 인간은 이성을 통해서만 건전하고 조화롭게 경제 사회를 발전시킬 수 있습니다.

경제가 제대로 돌아가지 않을 때 인간 이성은 혼란스러워지고 의심을 많이 하게 됩니다. 신용 불안이 사회를 뒤덮습니다. 미래를 신용할 수 없어 사람들은 소비를 억누르고 저축을 우선으로 하고 자신을 폐쇄적으로 만들어서 몸을 지키려고 합니다. 이렇게 되면 또 경기가 냉각하고 후퇴하는 악순환에 빠지게 됩니다.

경제를 성장시키려면 인간이 인간과 연대하고 협조하고 신뢰해야 합니다. 그리고 그것을 가능하게 하는 것이 공정함과 정의의 이념인데 근대 사상가들은 이성이라고 불렀고 스미스는 마음속의 공평한 관찰자라고 표현했던 것입니다.

그리고 그런 이념을 근원적으로 우리 인간에게 부여한 존재가 무엇인지를 생각할 때 우리는 다시 종교적인 존재가 됩니다.

✦

———————————

종교에는 매일 반복해야 하는 의례가 있습니다. 매일 기도를 하고 손을 모으고 성서 구절을 암송하고 머리를 숙이고 무릎을 꿇는 의례를 모든 종교에서는 초월자를 인정하고 찬미하고 받아들이기 위해서 반복합니다.

초월자는 우리 앞에 실제로 모습을 드러내지 않습니다. 인간은 모습이 없는 존재를 바로 잊어버리고 맙니다. 따라서 의례를 반복하면서 초월자의 존재를 반복해서 의식 속에 새기는 것입니다.

반복되는 의례는 모습이 없는 초월자를 실재 존재로서 지각시키고 그 존재가 인간과 세계를 통제하고 있다는 것을 상기시킵니다.

18세기 독일 철학자 칸트Immanuel Kant는 신이라는 보편에 대해서

"인식되지 않는 것이고 단지 사유하는 것"이라고 말했습니다. 그러나 칸트는 인간이 신을 인식하고 싶어 하는 소망을 선험적으로 갖고 있다고 했습니다.

칸트에 의하면 인간 이성은 보편과 초월을 필연적으로 요구합니다. 또 실체가 있는지 없는지는 별도로 하더라도 인간 이성은 스스로의 작용에 의해서 개념으로 형성됩니다.

그러나 아무리 무신론자라고 해도 칸트가 말한 것 같은 초월자를 인식하려는 욕구를 선험적으로 갖고 태어난다는 사실을 부정할 수 없습니다. 그리고 인간이 그런 선험성과 함께 종교를 영위하며 역사를 축적해온 것도 사실입니다.

초월자를 믿는지 안 믿는지와는 전혀 다른 문제입니다. 이 문제를 논하는 것은 인간의 사고 구조를 알려는 시도이기도 합니다.

격리되고 붕 떠 있는 종교를 인간의 일반적인 사고 과정으로 재편해서 다시 받아들이는 것이 중요하다고 생각합니다. 이 새로운 가치 기준을 출발점으로 해서 세계를 바라볼 때 경제를 비롯한 글로벌한 다양한 모든 현상의 본질을 볼 수 있다고 확신합니다.

이 책이 경제와 종교의 새로운 가치를 파악하는 데 도움이 되면 좋겠습니다.